不可思议的山海经

上尚印象 编绘

~山经篇~

北方妇女儿童出版社
· 长春 ·

不可思议的山海经 | 山经篇 | 「目录」

“中山经”

本书概述

《山海经》为我们描绘了一个瑰丽壮阔的奇幻画卷，那里有我们从未见过的山川河流，有令人匪夷所思的珍禽异兽，那里的奇花异草有着不可思议的功效，珍贵的矿石和珠宝遍布那个如梦似幻的世界。

《不可思议的山海经·山经篇》是《山海经》这部奇书的一部分，主要包括“南山经”“西山经”“北山经”“东山经”“中山经”五部分，详细讲述了众多大山，以及在大山中生活的飞禽走兽、生长的古怪植物和蕴藏的珍贵矿石等。

不可思议的山海经

~山经篇~

-“南山经”-

想要进入《山海经》的世界里游玩一番，“南山经”所记录的山川则是必经之路。这里共包括了三列山系，分别以招摇山、柜（jǔ）山和天虞（yú）山为起始。每一列山系不仅有各自的风格和特点，还拥有不同的守护山神。对祭祀方式的记录，表达了古人对于未知力量的崇拜。如果准备好了，就一起开启这场不可思议的奇幻之旅吧！

“南山经”第一列山系

[共九座山]

山系概述

南方第一列山系是䧿（què）山山系，一共包含招摇山、堂庭山、青丘山等九座大山。这些山一座连着一座，绵延两千九百五十里，山中有很多神秘的动物，比如，爱喝酒的狌（xīng）狌、鸟头蛇尾的旋龟、会飞的鯥（lù）鱼、背上长眼的猼訑（bó tuó）、长着人脸的赤鱬（rú）、“三头六臂”的䳛鵂（chǎng fū）、叫声像人吵架一样的灌灌鸟等，真是让人大开眼界！这些山上长着祝余、棪（yǎn）木等怪树，还盛产水玉、黄金、白银等矿物呢，让人充满了遐想。

南方首列山系就是䧿（què）山山系，这里共有九座大山，每一座都充满了神秘感。就说①招摇山吧，这座大山里有很多奇珍异兽。最有趣的就是狌（xīng）狌，吃了它们的肉，就可以健步如飞。招摇山上的植物也很神奇呢！有一种“迷榖（gǔ）”花，据说只要把它佩戴在身上，就不用怕迷路了！如果你在山上走了太久，觉得肚子很饿，这时候只需要找到一种长得像韭菜一样的草，并吃掉上面那几朵“祝余”花，饥饿感就会瞬间一扫而光。②堂庭山上非常“富有”，到处都是黄金和水玉。③猨翼山的环境可就没有招摇山这么美好了，山上到处都是可怕的怪兽，还有很多蝮蛇和长相怪异的鱼，我们还是避而远之比较好。④杻（niǔ）阳山的阳面有很多赤金，阴面有很多白金。在杻阳山，你会遇到一种白头红尾，长得既像马又像老虎的动物，它就是鹿蜀。鹿蜀叫声就像歌声一样动听。除此之外，山上还有一种名叫“旋龟”

的龟，它们鸟头蛇尾，长得很奇怪。⑤柢（dǐ）山和⑥亶爰（chán yuán）山上一点儿草木都没有。柢山上生活着一种叫“鯥（lù）”的鱼，它们牛身蛇尾，长着一对儿翅膀；亶爰山的“神兽”则是一种雌雄同体、酷似山猫的生物，叫作“类”。如果有人想变得更勇敢一些的话，就去⑦基山上寻找猼訑吧！它们的眼睛长在背上，人佩戴它们的皮毛，胆子就会变大。⑧青丘山的大名你一定听说过，它最出名的还要数九尾狐！九尾狐长着九条蓬松的尾巴，看上去十分美丽。在古代，它们曾是祥瑞的代名词。青丘山上还有叫声像人类吵架的灌灌鸟和鱼身人脸的怪鱼——赤鱬。⑨箕（jī）尾山上可没有那么多奇奇怪怪的动植物，这里多的是数不尽的沙石。箕尾山还是汸（fāng）水的发源地，汸水中盛产白色的玉石！

“南山经”第二列山系

【共十七座山】

山系概述

南方第二列山系共有十七座大山。它们各有特色，足足绵延七千二百里！这里也有很多神奇的生物，像猪身鸡爪叫声像小狗一样的狸力，象征着不祥且叫声难听的鴸（zhū）等。梓树、楠树等植物也扎根在这片土地上。

南方第二列山系的群山中还有鸟头龙身的山神。祭祀的时候，人们纷纷把家禽家畜、玉璧首饰埋进土里，再准备好糯米，等待山神享用。

南方第二列山系的第一座山是①柜（jǔ）山。柜山上有一条非常漂亮的河，名叫“英水”。白色的玉石和丹砂沉在水底，让英水红白相间，看起来漂亮极啦！②长右山上生活着传说中的“猴形水怪”——长右，它长着四只耳朵，传说是水灾的象征。如果想变得富有，就去③尧光山上开采黄金玉石吧——只要你不怕猾怀这种怪物。④羽山很奇怪，常年下雨，河流众多，却没有一点儿花草。⑤瞿（qú）父山和⑥句余山跟羽山一样，都没有植物，但是如果你想寻找宝藏，去这两座山上准没错，因为它们遍地都是矿产。别看⑦浮玉山的名字好听，那里可有一种会吃人的野兽——彘（zhì）。它长得太丑了！虎身牛尾，叫起来像狗一样。想要青色的染料应该去哪里呢？去⑧成山就对了！成山上盛产玉石和金属矿物，山下则盛产青雘（huò）。再往东，就是大名鼎鼎的⑨会稽山，大书法家王羲之的《兰亭集序》就是在这座满是玉石和金属的山中完成的！⑩夷山和⑪仆勾山真是奇怪，一座寸草不生，一座却草木茂盛。寸草不生的夷山是湨（jú）水的发源地，而草木茂盛的山上却没

有一条河流，真奇怪！⑫咸阴山上也没有花草树木，但是它也没有水源，这和前面两座山比起来就显得正常多了！你听说过没有嘴巴的动物吗？⑬洵山上就有！这种动物叫作“䍺（huàn）”，长得像山羊，不吃不喝也能生活，是不是很神奇呢？洵水的源头就在洵山，水中有很多紫色的螺，非常漂亮。⑭虖（hū）勺山有很多名贵的树木，比如梓树、楠树等，山下则生长着大片的枸杞树和牡荆。这一列山系中，没有植物的山还真不少！除了上面所说的几座山外，还有⑮区（ōu）吴山和⑯鹿吴山。不过，这两座山都有水源，鹿吴山的水边还生活着一种叫“蛊雕”的野兽。它凶猛极了，叫声就像婴儿啼哭一样。见到它一定要躲得远远的，因为它是会吃人的！最后一座山是⑰漆吴山，它位于第二列山系的最东边，非常适合观赏日出！这里没有花草和玉石，却盛产可以做围棋子的博石。

“南山经”第三列山系

【共十三座山】

山系概述

南方第三列山系从天虞山开始到南禺山结束，经中所记共十四座山，实则只有十三座。一共绵延六千五百多里。这里有各种各样的飞鸟，还有一些闻所未闻的走兽和鱼类。这里的山神都是人面龙身。当地人祭祀的时候，需要准备白色的狗，并用它们的血液来供养山神。

南方第三列山系最西边的一座山是①天虞（yú）山，山脚下到处都是水，根本爬不上去。往东五百里是②祷过山，在这里，你会看到很多犀牛和大象，还有人面三足的鸟瞿如。你想象过凤凰的样子吗？传说它们的家就在③丹穴山，丹穴山上有很多金属矿和玉石，还有丰富的水资源，也许正是因为环境好，所以凤凰这种祥瑞的鸟儿才喜欢住在这里吧！④发爽山、⑦阳夹山和夷山一样奇怪，都没有花草树木，却有着丰富的水源。这是什么道理呢？恐怕要靠你自己来探索了！再向东走四百里，就到了⑤旄山的尾端，这里有一座满是怪鸟的大峡谷，叫作育遗谷。谷中吹出来的风十分温暖！⑥非山是一座非常可怕的山，虽然这里金和玉很多，但是到处都是爬来爬去的蝮蛇，真是太吓人了！⑧灌湘山可真有意思，这里的树林好像被人精心修剪

过一样，一点儿杂草也没有，吸引了很多鸟儿在这里安家落户。⑨鸡山上面并没有一只小鸡，这儿的河水里有一种鱄(tuán)鱼，它们形状像鲫鱼，叫声却像小猪一样，可是它一出现，就说明天下要有一场大旱灾。⑩令丘山上漫山都是野火，山上还有一种叫颙（yú）的鸟，长得像猫头鹰一样，有四只眼睛，它的出现也是天下大旱的征兆。⑪仑者山上有一种神奇的树，它的枝干分泌出的汁液香甜无比，只要喝了它，就不会感觉饿，疲劳也会消失得无影无踪。⑫禺稿山是个不太适合旅游的地方，因为这里到处都是野兽和大蛇。⑬南禺山的矿产和水资源都非常丰富，鹓（yuān）雏这种圣洁的神鸟非常喜欢栖息在山中的佐水沿岸，所以这里一定也是非常神圣的地方。

-“南山经”中出现的异兽-

①关于《山海经》中记录的“蝮虫”，有晋代和明代的人认为它是一种鼻子上长针的虫，但现在的人多将它视为一种剧毒的蛇——蝮蛇。要想知道它的真面目，还得多多研究呢！②猼訑（bó tuó）这种生物长得非常奇怪，它们外表看上去像羊，但是眼睛却长在背上，还有九条尾巴和四只耳朵。如果“胆小鬼”披上它们的皮毛，瞬间就会变得什么都不怕！③狌（xīng）狌是一种非常有意思的动物，它们的样子就像我们平时在动物园中看到的大猩猩一样，可以直立行走。不过，大猩猩可没有狌狌这种会说人话的本事。狌狌的脾气很坏，人们经常要和它们斗智斗勇。④鹿蜀是一种长相奇特的动物，它们的样子像马，却长着老虎一样的条纹。因为它们的皮毛有特殊的寓意，可怜的鹿蜀总是会被贪心的人类捕捉。⑤狸力长得像一只可爱的小猪，叫声却像狗一样。它还长着一双鸡爪子。⑥猾怀虽然乍一看很像人，但是它们浑身长满了硬硬的猪毛。它们的叫声就像砍木头的声音一样，别提多难听了！⑦类这种动物想要繁衍后代一定很容易，因为它们雌雄同体，自己就可以繁殖。它们长得跟野猫一样，只不过毛发太长了，长得可以遮住眉毛。⑧长右因为生活在长右山上而得名。它们长得像猴子一样，有四只耳朵，是大水灾的象征。⑨蛊（gǔ）雕形状像雕，头上有角，看起来非常奇怪。它们的叫声像是婴儿的啼哭声，但是千万别被骗了！蛊雕可是一种非常凶猛的野兽。⑩彘（zhì）长得像一只有着牛尾巴的老虎。不要被它们像狗狗一样的叫声蒙蔽，它们可比狗狗凶多啦！⑪䍺（huàn）是一种没有嘴巴的羊形生物。或许你会问，没有嘴巴怎么吃饭喝水呢？其实它们不用吃喝也能活得很自在。⑫九尾狐可太有名了！它们长着九条蓬松的大尾巴，非常漂亮，但别忘了，它们可是猛兽。

爱喝酒的狌狌

狌狌可爱喝酒了，还喜欢模仿人类。古人认为吃了它们的肉可以健步如飞。人们为了抓住狌狌，会把几十双连在一起的草鞋和美酒放在一起，狌狌喝醉后就会学人类穿上草鞋。醉醺醺的脑袋和连在一起的草鞋，让它们想跑也跑不掉。

这也太能喝了吧！什么时候能上钩呢？
多喝点儿！等你喝醉了就把你拿下！

传说中的奇兽九尾狐

你想象中的九尾狐是什么颜色的呢？是红彤彤的，还是通体雪白？不管是什么颜色，它都有着九条蓬松又漂亮的大尾巴。古人认为，这些尾巴是多子多福的象征，所以九尾狐是代表祥瑞的动物！

多种动物的集合体蛊雕

蛊雕就像个“四不像”一样，形状像雕，头上有角。鹿吴山的泽更水是它们的家。蛊雕会发出婴儿一样的声音，其实它们十分危险！

纯金鹰嘴鹿形兽

在陕西神木纳林高土村战国晚期的匈奴墓中，曾出土一件鹰嘴兽身的金器，它和山海经中的蛊雕形象非常相似。

-“南山经”中出现的鱼类和龟-

❶鯥鱼 ❷赤鱬 ❸虎蛟 ❹鯥 ❺旋龟

味道鲜美的①鯥鱼虽然外形像鲫鱼，却长着一身猪毛，还会发出小猪一样的叫声。②赤鱬的样子好吓人，它们有着鱼的身体，却长着一张人脸，现实中见到它们的话，一定会被吓一跳！不过，传说中的美人鱼或许就是赤鱬呦！它们的药用价值非常高。③虎蛟跟赤鱬一样可以入药。它们的样子像长了蛇尾巴的鱼，叫声则很像鸟类中的鸳鸯，还有人认为它们和龙是亲戚呢！也许是觉得虎蛟的蛇尾巴很酷。④鯥（lù）也长了一条蛇尾巴，它们的形状像牛一样，只不过它们有一对儿可以自由飞翔的翅膀，牛可没有。鯥的肉也有药用价值，可以治疗肿胀类的疾病。如果你在杻阳山中的怪水源头听到了一种类似于敲木头的声音，千万不要害怕，这是⑤旋龟在鸣叫呢！它们鸟头蛇尾，把旋龟佩戴在身上可以治疗耳聋，这是一种非常神奇的生物。

息壤

息壤就像它的名字一样，可以自己不断生长。大禹看中了息壤可以无限生长、膨胀的特性，用它来治理洪水，最终将洪水全部赶跑了。

旋龟治水

大禹可以顺利治水，可不全是息壤的功劳，可爱的旋龟也出了一份力。旋龟可以在大水中自由自在地穿行，它一直帮大禹驮着息壤，大禹才得以随时将息壤投入洪水之中，阻挡洪水肆虐的脚步，最终把洪水按照计划好的路线导入大海之中。

-“南山经”中出现的鸟类-

瑞鸟凤凰

从古至今，凤凰一直都是代表祥瑞和高贵的瑞鸟。它不仅外表美丽，还有着高贵的品格和善良的心灵。你可以在喜庆的场合和盛大的节日中找到凤凰的形象。

《山海经》中，你最喜欢哪个动物呢？相信很多人都会说是①凤凰。凤凰是代表祥瑞的百鸟之王，它们的羽毛色彩斑斓，身上的花纹像文字一样！凤凰能歌善舞，在古代，它的出现意味着天下太平。②鴸（zhū）的样子看起来像老鹰一样，但是爪子却很像人的手掌。传说，它出现的地方，会有很多人被流放。因此人们对它的印象并不好。③鹡鸻（chǎng fū）有三个头、三个翅膀和六只脚，真可以称得上是“三头六臂”！它的肉就像提神的浓茶，只要吃下就睡不着了。猫头鹰一样的④颙（yú）可没有那么多头，但是它们有四只眼睛！它们因为叫声跟“颙”的发音很像而得名。每当它们出现，天下就会大旱，所以人们把它们看作不祥的鸟。你见过叫声像人吵架一样的鸟吗？⑤灌灌就是。它们长得跟斑鸠很像。如果把它们烤熟，那四处飘散的香味儿会让人口水直流！跟颙一样，⑥瞿如也是因为叫声而得名的。它们虽然是鸟，却长着一张人脸和三只脚。如果第一次看到它们的话，一定会被吓一大跳！

-“南山经”中出现的植物、矿产和石头-

❶ 祝余

❷ 迷榖

❸ 白䓘

招摇山上有一种很像韭菜的植物。它的花朵是漂亮的青色，只要吃了这种花，你就不会感到饥饿了！是不是很神奇呢？这种神奇的植物就叫①“祝余”。招摇山上的②迷榖花光芒耀眼，可好看了！只要把它佩戴在身上，你就再也不会迷路。在仑者山上，你也不用担心饿肚子。仑者山上有③白䓘（gāo），它流出的汁液像糖一样甜，只要吃上几口，就不用挨饿了。白䓘还有一种神奇的功能，它能把玉石染色。

❶ 黄金

❸ 育沛

❹ 砆（fū）石

❻ 丹砂

❽ 白银

❿ 白玉

⓫ 金属矿物

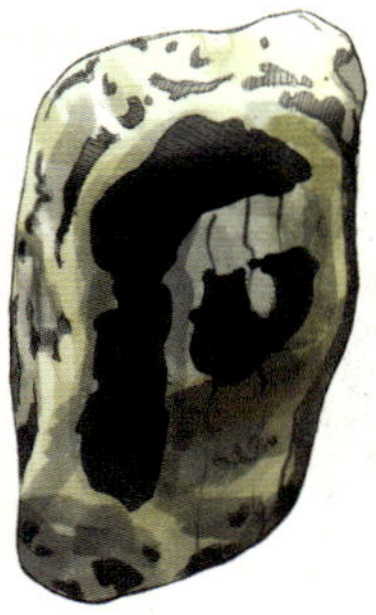

❷ 博石

❺ 水玉

❼ 青雘

❾ 玉石

⓬ 丹雘

成山和堂庭山上有很多①黄金！想必在当时，一定有很多寻宝人在这两座山上苦苦搜寻吧！漆吴山的矿藏特产是②博石，它看起来平平无奇，却是做围棋子的上好材料呢！像琥珀一样的③育沛可以治疗腹部寄生虫病。不过，想要寻找它们的话，就只能去招摇山下的丽麂（jǐ）水。会稽山下有一种晶莹剔透的矿石，叫④“砆石”。它们绚丽夺目，非常美丽。⑤水玉就是古代的水晶，它们静静地躺在堂庭山上，等待着人们的开采。⑥丹砂产于英水之中，是一种红色或棕红色的矿物。⑦青雘（huò）是一种青色的矿物颜料，古人常常用它来做装饰和涂抹的原料。⑧白银产于杻阳山等地，它们现在仍然和黄金一起在人类社会中流通着。⑨玉石和⑩白玉质地都很细腻，也都很受人们喜欢，它们的区别在于颜色。《南山经》的大山中到处都是⑪金属矿物，它们虽然不如黄金、白银那样珍贵，却也十分重要。⑫丹雘（huò）和青雘一样，都是矿物颜料，只不过它是红色的。

–“西山经”–

“南山经”之旅不知不觉就结束了，我们马上就要踏上“西山经”的旅程了！“西山经”共记录了以钱来山、钤（qián）山、崇吾山和阴山为首的四列山系。这趟旅程将会更加有趣，因为“西山经”中不仅有奇花异草、珍禽异兽，还有好多神仙和有趣的神话传说呢！请跟紧我们的步伐，一起出发吧！

“西山经”第一列山系

【共十九座山】

山系概述

西方第一列山系足足包含了十九座大山！山上有很多黄金、玉石、赤铜等矿物，而奇异的植物、野兽和怪鸟，比如羬（qián）羊、黄雚（guàn）等，更是数不胜数。

在祭祀的时候，华山神和羭（yú）次山神需要单独祭祀。华山神需要用猪、牛、羊三牲做祭品，而羭次山神则需要准备一百只牲畜、一百块美玉和一百樽美酒。其他十七座山的山神没那么讲究，只需要准备一只完整的羊就可以了！

西方第一列山系就是著名的华山山系。华山山系的第一座山有一个听上去非常富有的名字——①钱来山。不过，这座山上可没有钱，只有一些松树和用来洗澡的洗石。钱来山上有一种长着马尾巴的怪羊——羬（qián）羊，它们的油脂可以治疗皮肤干裂。②松果山听上去好像有很多松果一样，其实并没有，这里有丰富的铜矿石，还有一种名叫“螐（tóng）渠”的鸟。这种鸟有着黑色的身子和红色的爪子，很漂亮，古人认为吃了它的肉可以治疗皮肉圻裂皱起。你听说过③太华山吗？如果说出它现在的名字，你一定熟悉得不得了！它就是华山的主峰。太华山实在太险峻了，就像是刀劈斧凿的一样，只有一种叫“肥蟡（wèi）”的蛇能够在这里居住。④小华山的阴面有很多磬石，阳面遍地都是㻬琈（tū fú）玉。这里盛产荆树、枸杞树以及可以治愈心痛的萆（bì）荔草，还有数不清的㸲（zuó）牛和赤鷩（bì）。赤鷩鸟长得像山鸡一样，可以用来防火。如果听力下降的话，可以去⑤符禺山采集文茎，它的果实像枣子一样，可以治疗耳聋。除了文茎之外，山上还有名叫“条”的草，吃了它之后人就不会感到迷惑。⑥石脆山上的条草长得像韭菜，人吃了它可以治愈疥疮。⑦英山上到处都是杻树

和橿（jiāng）树，这里产铁和金。英山上的肥遗是一种可以治疗恶疮的鸟。⑧竹山上有可以治疗疥疮的特效药，它的名字叫“黄雚（guàn）”。发源于竹山的丹水中有很多水晶和大鲵。⑨浮山上的熏草佩戴在身上可以治疗恶疮。⑩瑜（yú）次山上有赤铜和玉石，嚣和橐（tuó）肥也住在这里。没有植物的⑪时山上却有丰富的水源。⑫南山上面到处是丹砂，还有一些猛豹和鸤鸠。⑬大时山上水源丰富，还有很多构树、柞树，以及大量白玉和银呢！⑭嶓（bō）冢山上和祷过山一样，生活着很多犀牛和熊。除此之外，还有白翰在此栖息。⑮天帝山的名字真是霸气！这里生活着一种像狗的野兽，叫“谿（xī）边”，坐在它的皮上不会受毒热恶气侵袭。⑯皋（gāo）涂山的阴面遍地黄金白银。山上还有一种名叫“玃（yīng）如”的“四不像”，它们长得像鹿，却有着马的蹄子和人的手，奇怪极了。⑰黄山上遍地小竹子。⑱翠山的阳坡都是黄金、美玉，阴坡则生活着很多动物。⑲騩（guī）山上没有草木，水中却有许多彩石，真让人眼花缭乱！

"西山经"第二列山系

【共十七座山】

山系概述

西方第二列山系共有十七座山，全长四千一百四十里，山上满是黄金、白银、美玉，还有丹砂、黑石脂等染料。鸾鸟、㸲牛、羚羊、朱厌、罗罗鸟等动物悠闲地生活在这里。

这里十座山的山神都是人面马身，另外七座人面牛身的山神是飞兽之神，祭祀的时候要把猪、羊放在白茅草席上，而祭祀其他十位山神，只需要准备一只毛色杂乱的公鸡。

西山经第二列山系的首座山，叫作①钤（qián）山。山上盛产铜矿，山下则盛产玉石。如果你仔细观察的话，会发现山中的树大多是杻树和橿（jiāng）树。②泰冒山的阳坡都是金灿灿的黄金，阴坡则满是铁矿。这里有条叫"浴水"的河，向东流入黄河的怀抱。浴水中有很多带彩纹的玉和白色的小蛇。③数历山山上盛产黄金，山下盛产白银，就连水中也满是白色珠子，总之到处都是宝贝！另外，这座山上到处是鹦鹉。

④高山高不高？没有人知道。人们只知道山下遍地都是青色的玉石和雄黄。泾水从这里发源，沿路灌溉着满山的棕榈和蓠竹，并向东流入渭河之中。⑤女床山的阳面盛产赤铜，阴面则出产石墨。大名鼎鼎的鸾鸟就生活在这里，它们色彩艳丽，是安宁祥瑞的象征。⑥龙首山也是一座富裕的山，上面黄金、美玉数不胜数。⑦鹿台山也不甘示弱，虽然没有黄金，但也拥有丰富的白银和美玉。鹿台山上还有一种长着人脸的"公

鸡”，名叫“凫徯（fú xī）”，它们一出现，天下就会发生战乱！鹿台山西南二百里处，有一座⑧鸟危山。这里遍布着女床、檀树和构树，还有很多磬石。如果你在⑨小次山上遇到一种白头红脚的猿猴，那就说明大事不好了！这种猿猴名叫“朱厌”，它的出现预示着大战将至。⑩大次山的野兽大多是㸲牛和羚羊，十分温驯可爱。⑪薰吴山一定很适合挖宝！因为上面没有烦人的野草树木，都是金属矿物和美玉！⑫厎（zhǐ）阳山和⑬众兽山有很多相似的地方，比如它们都是犀牛的家，但是厎阳山上独有一种像豹的野兽，叫犳（zhuó）。⑭皇人山上没有什么有意思的动物，这里只有丰富的玉石、金属、石青、雄黄和丹砂。⑮中皇山上有很多黄金，山下长着很多蕙兰和棠梨。可爱的麢鹿在⑯西皇山上尽情地撒欢儿，而㸲牛们则慢悠悠地低头吃草。⑰莱山上有很多罗罗鸟，别看它们名字好玩儿，这种鸟可是会吃人的！

“西山经”第三列山系

【共二十三座山】

山系概述

经中所记西方第三列山系共二十三座山，但现存文献中，被记录名字的山只有二十二座，从崇吾山开始到翼望山为止。这里很多山都是神仙的居所，山系共绵延六千七百四十四里，遍布着美玉、石青和雄黄，还是很多大河的发源地。

这二十三座大山的山神形象全是都是羊身人面，祭祀的时候只需要把一块吉玉埋入地下就可以了！不过要记得，祀（sì）神的米一定要用稷（jì）米。

①崇吾山上面的动植物非常罕见，有吃了能使子孙发达的果子；有只有一只翅膀和一只眼睛，必须两只在一起才能飞起来的蛮蛮……有趣极了！②长沙山和⑫轩辕丘都光秃秃的，没有草木，倒是有不少石青和雄黄。大名鼎鼎的③不周山上有一种看起来像桃子一样的神秘果实，吃了它就不会疲劳了！④峚（mì）山上长满了黄花红果的丹木，看上去很是美丽。这种果实吃了让人不感到饥饿。⑤钟山上能带来灾祸的不祥之鸟——鵕（jùn）鸟和大鹗（è），是鼓和钦䲹（pí）死后化身而成的，这两个家伙因杀死了葆江，被黄帝处死。⑥泰器山上有许多白脑袋、红嘴巴的文鳐（yáo）鱼。长着翅膀的它们是五谷丰登的象征。⑦槐江山是丘时水的源头，水中有很多螺。山上蕴藏着丰富的石青和雄黄，还有很多质地上乘的美石、黄金和玉石。⑧昆仑山上有一种长着四只角、像羊一样，却能吃人的野兽，名叫土蝼。有剧毒的钦原鸟也住在这里，被它们蛰一下可是会丢掉性命的！⑨乐游山上的鲭（huá）鱼长着四只脚，专门吃鱼。⑩嬴（luǒ）母山上有很多美玉。往西能看见西王母的家——⑪玉山。形状像狗的狡和象征水灾的胜遇鸟都是西王母的邻居。⑬积石山上物产丰富。再向西二百里是⑭长留山，上面的野兽都长着花尾巴，禽鸟头上有斑纹，可好看了！⑮章莪（é）山的铮和毕方鸟是邻居。⑯阴山上有很多天狗。离阴山很近的⑰符惕（dàng）山遍地树木和矿石。⑱三危山上面有一种奇怪的牛——獓㑲（ào yē），它们有四只角，非常凶猛，是会吃人的！美丽的⑲騩（guī）山遍地美玉，没有一块石头。它的山下是一堆一堆的蛇，千万不要靠近那里！⑳天山是歌舞之神帝江的家。这里满是金和玉，还有石青和雄黄。㉑泑（yōu）山的阳面全是美玉，阴面都是雄黄和石青。站在这里，可以看见最美的落日。㉒翼望山光秃秃的。长着一只眼睛、三条尾巴并且可以防御凶险的讙（huān），和三头六尾的鵸䳜（qí yú）在此安家落户。

❻ 泰器山
❺ 钟山
❼ 槐江山
❸ 不周山
❾ 乐游山
❹ 峚山
❶ 崇吾山
❷ 长沙山
❽ 昆仑山

“西山经”第四列山系

【共十九座山】

山系概述

西方第四列山系共有十九座大山。这些山上也有很多新奇有趣的动植物，比如白鹿、白虎、扈鸟、蛮蛮等，还有很多珍贵的金属矿物和美玉。

祭祀山神的时候，需要用白鸡献祭，还要准备白茅草编织成的席子作为山神的坐席。

①阴山就是《西山经》第四列山系的首座山。阴山上没有石头，到处都是构树，还有一些茅草和青蘩（fán）。大名鼎鼎的弱水是从②劳山发源的。劳山上满地都是紫草，好看极了！③罢父山是洱水的发源地，清澈见底的水中满是紫石和碧玉。④申山的山顶上长着茂密的构树和柞树，山下则是杻树和橿树。另外，它的阳面上有非常丰富的金和玉。⑤鸟山上到处都是桑树和构树，以及数不清的铁矿和玉石。同时，它还是辱水的发源地。⑥上申山上不长草木，有很多巨石，山下却生机勃勃，生长着很多榛树和楛（hù）树。白鹿和扈鸟在这里安家。⑦诸次山是一座“蛇山”，不长草，只有茂密的树木，树木丛中藏着很多不同种类的蛇，没事儿千万不要去这里玩耍！⑧号山一定很香，因为这座山上长满了白芷、川芎（xiōng）等香草。山中还有一种矿石，叫汵（gàn）石。⑨盂山上的动物全是白色的，比如白狼和白虎等。⑩白于山是洛水和夹水的发源地，柞牛和羬羊以及鸮（xiāo）鸟在这里和平相处。想去看雪的话，就到⑪申首山去吧！申首山冬天和夏天都会下雪，且山中不长草木。申首山往西五十五里的⑫泾谷山是泾水的发源地，山上有好多白金和白玉。⑬刚山上有十分茂盛的漆树，还有漫山遍野的瑶琈玉。山中居住着一种人面兽身，只有一只手和一只脚的兽，叫声就像人在呻吟或叹息一样。⑭刚山之尾是洛水的发源地，水中有很多蛮蛮，只不过它们不是比翼鸟，而是一种长着鳖一样的脑袋，形状像老鼠的野兽。如果你经

常做噩梦的话，就去⑮英鞮（dī）山吧！那里有一种名叫“冉遗”的鱼，它们鱼身蛇头，有六只脚。吃了它们的肉，就再也不会被噩梦惊扰了。⑯中曲山上的驳长得有点儿像马，白身黑尾，头上有一只角，牙齿和爪子特别锋利，是可以吃老虎的哟！凶兽穷奇生活在⑰邽（guī）山上。这是一种外表像牛，却长着棘刺的会吃人的怪物。会飞的蠃（luǒ）鱼也生活在这里，只要它们一出现，就说明水灾要来了。⑱鸟鼠同穴山上有很多白虎和白玉，渭水和滥水发源于这座山。⑲崦嵫（yān zī）山有一种人面猴身、长着狗尾巴的鸟，它们象征着大旱灾。山上还有一种叫“孰湖”的野兽，它们马身人面，鸟翅蛇尾，喜欢把人举起来。

—“西山经”中出现的异兽—

①蛮蛮兽的外形非常像老鼠，却长着甲鱼的脑袋，能发出狗吠一样的叫声。②傲徊（ào yē）虽然样子像人畜无害的白牛，却是一种吃人的怪兽。它的头上有四只角，身上长长的毛发就像蓑衣一样。③朱厌可不是小猪，而是一种白头红脚，像猿猴一样的动物。它一出现，天下就会大乱。④穷奇是个臭名昭著的坏家伙，它长得就像披着棘刺的牛，会发出狗一样的叫声，是一种吃人的怪兽。⑤葱聋的外形像羊一样，只不过胡子是红色的。⑥狡不仅外形像长有豹纹的狗，就连叫声也跟狗吠很像。长有牛角的狡是五谷丰登的象征。⑦谿（xī）边是一种像狗一样的小动物。人们如果坐在谿（xī）边的皮上，就不会被毒热恶气侵染。⑧玃（yīng）如的样子奇特极了，它们有着鹿的外形，却长着马蹄子和人的手，还有四只角。⑨犛（mǐn）的名字听起来就和牛脱不了关系。它们的确长得像牛，只不过皮毛黝黑，眼睛比牛眼还要大上不少呢！⑩举父的外表很像猿猴，但它长着豹子一样的尾巴，擅长投掷东西。在羭次山上的⑪嚣和举父很像，也有着猿猴的

外表和长长的手臂，善于投掷。长相像野猫一样的⑫天狗是一种可以御凶的吉兽，它能发出类似于“榴榴”的叫声。如果皮肤容易干裂的话，就去找⑬羬（qián）羊吧！这种生活在钱来山上的小动物长得像羊，却有一条马尾巴，身上的油脂是治疗皮肤干裂的良药！⑭狰的外形很像红色的豹子，有五条尾巴和一只角，叫声像是敲击石头一样。⑮土蝼（lóu）可不是一种虫子，它是一种外形像羊，却长着四只角的吃人怪兽。⑯驳是一种白身黑尾、头上长角，外形像马一样的动物。它有着锋利的牙齿和爪子，叫声就像鼓声一样。⑰孰湖非常有趣，它们马身人面，鸟翅蛇尾，喜欢把人举起来。⑱豪彘（zhì）其实就是豪猪。它们浑身长满了白毛，身上有又尖又长的刺，可以刺伤追捕它的敌人。⑲讙（huān）的外形非常奇特，就像是长着一只眼睛、三条尾巴的野猫。它不仅可以辟邪，肉还可以治疗黄疸呢！太华山中的⑳肥𧔥（wèi）是一种长了六只脚、四只翅膀的怪蛇。它们是干旱的象征。

吃老虎的马——驳

中曲山上有一种能吃老虎的马——驳（bó）。它的形状和普通的马相似，但白身黑尾，头顶上还有一只角。它的牙齿和爪子很锋利，叫声像击鼓声一样，十分威风。人可以用它防御兵器的伤害。

害怕了吧！我骑的可是驳！
老虎在后退！
啊！

穷凶极恶的凶兽——穷奇

穷奇是一种非常可怕的凶兽，它外形看起来像一头牛，却身披棘刺，叫声像狗吠一样。传说穷奇能听懂人说话：当它看见有人争斗，便会将其中胜利的一方吃掉；听说谁是忠信之人，就会吃掉那人的鼻子；听说谁做尽坏事 就会衔着兽肉奖赏他。

讨厌的穷奇！我是好人，居然咬我的鼻子！
我是坏人，穷奇不会伤害我！

“西山经”中出现的鸟类

①毕方长得就像仙鹤一样，十分漂亮。它的羽毛是青色的，上面有红色的花纹，嘴巴是白色的，整天叫着自己的名字。特别的是，它只有一只脚。②鸮鸟长得像猫头鹰，但它看起来比猫头鹰要可怕一点儿，因为它长着一张人脸！另外，它还有一个猿猴的身子和一条狗尾巴，如果你看到它的话，就说明天下马上要大旱！③赤鷩（bì）是一种红色锦鸡。④鹑（chún）鸟生活在大名鼎鼎的昆仑山上。不要小看这种小鸟，它可是天帝的部下，主管天帝的各种服饰。⑤凫徯（fú xī）人面鸡身，眼神十分锐利，是战争的象征。⑥钦原鸟非常可怕，它们的身上有剧毒！被它们蛰中的鸟兽都会死亡，树木都会枯萎。遇到它一定要远离它们！黄身红嘴的⑦肥遗鸟长得小小的，像鹌鹑一样大。吃了它们的肉可以治愈恶疮，还能驱赶寄生虫呢！《山海经》中的⑧鹦鹉跟我们认识的那个鹦鹉是同一种生物。《山海经》里的它们青羽红嘴，长着像人一样灵活的舌头，可以学人说话。⑨䳕（mín）鸟外表看起来像翠鸟，却长着红色的嘴巴。⑩鵕（jùn）鸟是人面龙身的钟山山神烛阴的儿子鼓死后化生而成的。鼓因为曾设计杀死了一位天神而被天帝所杀，死后灵魂不散，化成了鵕鸟。它的形状像鹞鹰一样，白头红脚，有一个直直的嘴巴。鵕鸟的叫声与天鹅的叫声相似，它是大旱灾的象征。⑪尸鸠就是布谷鸟，也有人认为它是兀鹫。

莱山上的⑫罗罗鸟是一种凶残的鸟，不论是走兽还是人类，都有可能被它吃到肚子里去，非常可怕！⑬鵸鵌（qí yú）是一种非常喜欢笑的鸟，它长着三个头、六条尾巴，形状像乌鸦一样。如果你常常做噩梦的话，就去找它吧！它会把你的噩梦吞噬得一干二净。⑭鸓（lěi）鸟长得非常奇怪，它有两个脑袋、四只脚，浑身长满了红黑色的羽毛，外形看起来像是一般的喜鹊。传说饲养鸓鸟可以辟火。⑮螐渠（tóng qú）是爱美之人的“宝物”。它们黑身红爪，长得像山鸡一样，吃了它们的肉，皮肤就不会发皴坼（chè）裂了。⑯蛮蛮就是比翼鸟。每一只蛮蛮都只有一只翅膀和一只眼睛，如果想要飞起来的话，必须要找到有另一只翅膀和眼睛的鸟，“合体”之后才能并肩飞翔。如果你遇到蛮蛮的话，就说明天下马上就会被洪水侵袭。三危山中栖息着一种奇怪的猛禽，名叫⑰鸱（chī），它的外形和鸦鸟很相似，据说它的形象是威猛与必胜的象征，大量出现在商周的礼器中，后世却视它为不祥之鸟。喜欢夏眠的⑱橐（tuó）肥是一种形似猫头鹰的禽鸟，长着一张人脸和一只脚，真不知道它们是怎么站立的，一定会很累吧！⑲数斯是一种长得像鹞鹰的鸟，它们的脚像人脚一样，吃了它的肉可以治愈脖子上长大瘤子的病。⑳鸾鸟是传说中和凤凰同类的神鸟，它们长着色彩斑斓的羽毛，看上去像野鸡一样，是一种瑞鸟。如果它出现的话，就说明天下十分安宁和平。㉑胜遇鸟长得也很像野鸡。和鸾鸟五彩斑斓的羽毛不同，胜遇的羽毛是红色的，它们的叫声就像鹿在鸣叫，它在哪个国家出现，哪个国家就会发大水。㉒当扈（hù）可以用胡子来飞行，非常奇特。当扈的外形也和野鸡相似，人如果吃了它的肉，就可以不眨眼睛。㉓栎鸟的个头儿跟鹌鹑差不多，它们长着黑色的花纹和红色颈毛，吃了它们的肉可以治疗痔疮。㉔大鹗（è）是天神钦䲹死后化身而成的。他和钟山山神之子鼓联手杀死了葆江，被黄帝处死后，化成了白头红嘴、爪子像老虎一样的大鹗。大鹗的叫声很像清晨天鹅的叫声。它出现的地方会发生战乱。

兆火之鸟——毕方

毕方是一只独脚鸟，它长着青色的羽毛，毛上有红色的斑纹。它的鸣叫就像在呼唤自己的名字“毕方”，它出现的地方经常有大片野火。

传说毕方是木头所生，被称为“木之精”。当年黄帝聚集鬼神的时候，毕方鸟还是随行的护卫呢！

比翼双飞的蛮蛮

自古以来，蛮蛮（比翼鸟）就是夫妻恩爱的象征。白居易那句“在天愿做比翼鸟”就是很好的证明。

夏眠的橐（tuó）肥

橐肥的习性比较特殊，其他动物都是在冬天冬眠，它却在夏天呼呼大睡，人一旦吃了它的肉，就不会害怕雷击。

五彩的鸾鸟

鸾鸟长得像长尾的野鸡，但长着色彩斑斓的羽毛，十分美丽。鸾鸟的出现喻示着天下安宁。

-“西山经”中出现的神-

尽忠职守的山神——陆吾

陆吾看起来有点儿吓人，他人面虎身，有九条尾巴，表情十分凶狠肃穆。他是守护昆仑山门的山神。尽忠职守的陆吾始终瞪大双眼环视四周，不让任何异常生物进入昆仑，保证了昆仑的安宁与和平。

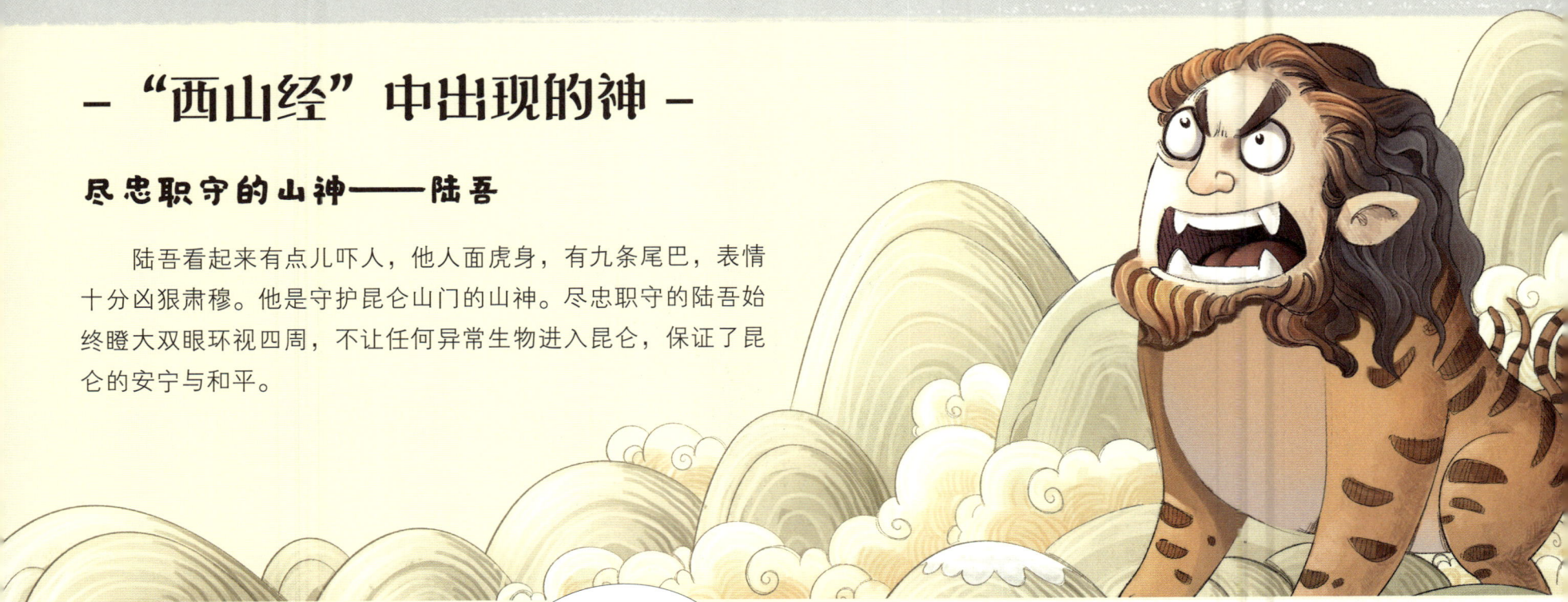

我的工作是守卫黄帝的居所。

守护神仙居处的神——英招

槐江山是黄帝成仙后的居处，看守这里的神就是英招。英招长着马的身子和人的面孔，身上还有老虎一样的斑纹和禽鸟一样的翅膀。他发出的声音就像骝嘶鸣一样。

鸟儿们都来听我演奏！

西方的天地之神——白帝少昊

白帝少昊又叫少皞（hào）或少皓。他是黄帝的儿子，是五方天帝之一，也是三皇五帝之一和华夏共祖之一。据记载，白帝部落的图腾是玄鸟，也就是燕子，后来改为了凤凰。原始的凤凰文化就是在他的部落里诞生的！后来，凤凰和龙一样，成为了中华民族的图腾。

西方之神——蓐收

蓐（rù）收是传说中掌管秋天万物收藏的神。他的样子既像人又像老虎：浑身白毛，长着一双老虎爪子，又长着一张人脸。他的左耳上有条蛇，手里握着一把大斧子，骑着两条龙，看上去真是威风！传说蓐收是白帝少昊的儿子。

上古女神——西王母

西王母的形貌和人相近，却长着豹子的尾巴和老虎的牙齿。她蓬松的头发上戴着首饰，相貌十分怪异。她是掌管灾疫和刑杀的天神，座下有很多神兽。

能歌善舞的神——帝江

帝江其实就是混沌。他的外形十分奇怪，整体看上去像个黄色的大口袋，皮肤红得像一团火，长着六只脚和四只翅膀，没有眼耳鼻口，却十分精通唱歌跳舞。

这棵树好高哇，坐得高，看得远！
榣木
3 若木
1 文茎树
5 盼木
4 薰草
6 菁蓉
7 杜衡
2 条草

-“西山经”中出现的植物-

听力下降了怎么办？不用怕！符禺山上的①文茎树可以帮你的忙！它会结出枣子一样的果实，这种果实可以治疗耳聋哟！石脆山上生长的②条草形状像韭菜，却有着白色的花和黑色的果子。吃了这种果子，疥疮就会被治愈了。③若木长在槐江山阴面的大树上，有青色的叶和红色的花。④熏草可不是薰衣草，它的叶子像麻叶，红花黑果，气味像蘼芜。长恶疮的病人把它佩戴在身上就会痊愈啦！⑤盼木的叶子有点儿像枳树叶，但是没有刺。嶓冢山的⑥蓇（gū）蓉叶子像蕙兰，根像桔梗。开黑色花却不结果实，吃了它，人就会失去生育能力。⑦杜衡的形状像葵，味道很像蘼芜。如果给马儿戴上它，马儿就会跑得飞快；人吃了它，就会治愈脖子上的大瘤子。⑧无条草可以说是老鼠的天敌，它的形状像槁茇（gǎo bá），长着葵叶一样的叶子，但叶子背面是红色的，老鼠吃了它就会中毒而亡。⑨多子多孙树是生长在吾山上的一种白萼红花的树木，它的花朵上有黑色纹理，果实很像枳，只要吃了它，人就会多子多孙哟！⑩黄雚（guàn）的外形非常像臭椿树，但它的叶子和麻叶很像，开白色的花朵，结出的果实外表接近红褐色。它的药用价值很高，用它洗浴可以治愈疥疮，还可以治疗浮肿病呢！不周山上有一种⑪无名果树，它能结出香甜的果实，这种树黄花红萼，叶子很像枣树叶，果实像桃子，吃上一口就会让人感受不到疲劳！你想不想尝一尝呢？如果用产玉膏之地的水来灌溉⑫丹木，丹木就会展现五种色彩、散发五种香味。⑬沙棠树的形状和普通的棠树很像，它开黄色的花，结出的果实是红色的，味道像李子，但没有核。人吃了它就不会溺水了！

-“西山经”中出现的鱼类、矿产和石头-

①鲜（bàng）鱼生活在英山上的禺水之中，它的形状像一般的鳖，却能发出像羊儿一样的叫声。②蠃（luǒ）鱼像鸟又像鱼。它有着鱼的身子、鸟的翅膀，还能发出像鸳鸯一样的叫声。蠃鱼可不是一种瑞兽，它在哪里出现，哪里就会发生水灾。③鳋（sāo）鱼的家在鸟鼠同穴山上的渭水里，它的样子和鳣（zhān）鱼很像，据说它出现的地方都会有战乱发生。④文鳐鱼的外表看起来像鲤鱼，但是它和蠃鱼一样，都长着一个鱼的身子和一对儿鸟的翅膀。它白脑袋、红嘴巴，身上有青色的花纹，漂亮极了！文鳐鱼常常从西海游向东海，喜欢在夜里腾空飞翔。⑤人鱼就是美人鱼吗？有些人提出了截然不同的观点：它其实是大鲵，也就是娃娃鱼！你更支持哪一种说法呢？⑥冉遗鱼是一种拥有神奇功能的鱼，吃了它的肉人就再也不会患梦魇症了！它长得也很奇怪，鱼身蛇头，有六只脚，眼睛看起来像是马耳朵一样。⑦鴽魮（rú pí）鱼看起来很像珠母蚌，它的形状非常有意思，像一个翻转过来的容器。它长着鸟的脑袋和鱼的尾巴，叫声像敲击磬石的声音。最神奇的一点是，它的体内可以孕育出珍珠和美玉，真是一种“宝藏之鱼”呀！

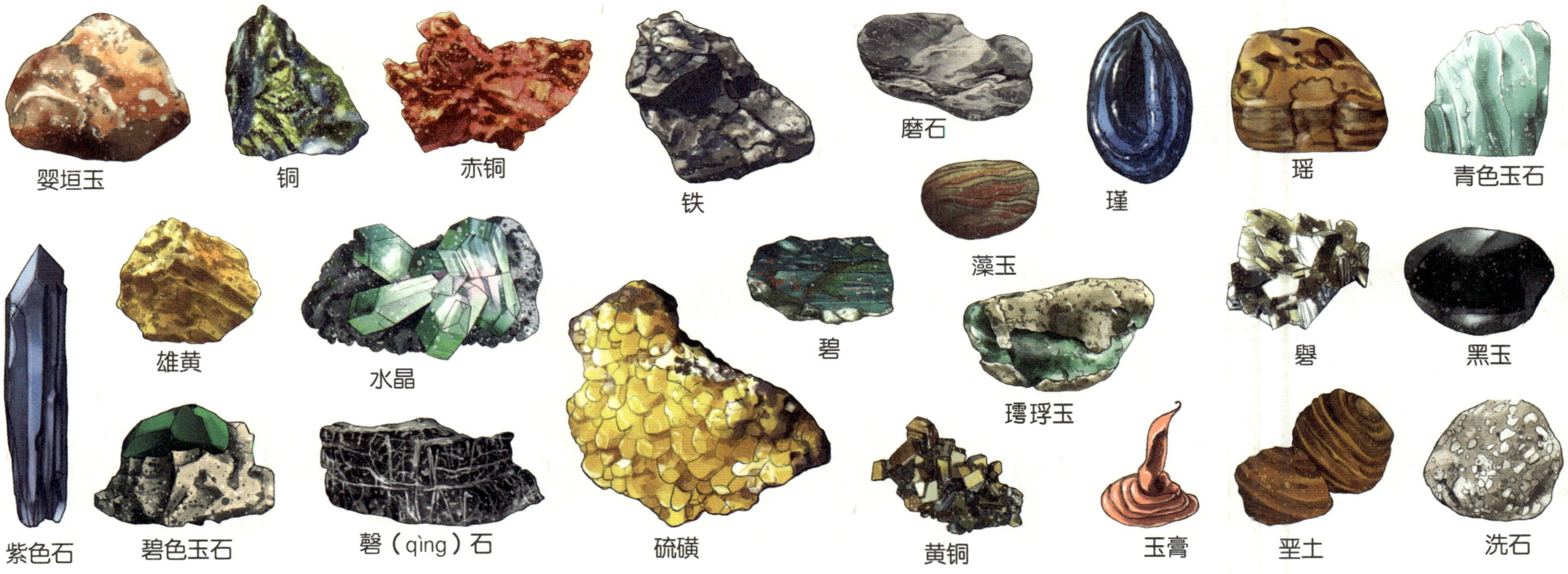

婴垣（yuán）玉可以在羭次山的阳坡找到。铜、铁就不用多说了！它们都是生活中常见的矿石。磨石其实就是磨刀石，菜刀钝了可以用它磨一磨！瑾（jǐn）、瑶和碧都是美玉，这些玉石十分珍贵。藻玉有很多彩色纹理，它和竹山上晶莹剔透的水晶石一样，都很漂亮。

众兽山上的瑻琈（tū fú）之玉，和瑾、瑶一样，是种美玉！礜（yù）石的粉末是很好的老鼠药。玉膏产于丹水中，相传黄帝和他的客人们以此为食。玉膏又可以生出黑玉。大次山上的垩（è）土是一种可以用来涂饰的有色土。洗石是一种含有碱的石头，可以洗掉身上的污垢。

-“北山经”-

接下来是“北山经”之旅。“北山经”记录了以单狐山、管涔山和太行山为首的三列山系。别看只有三列，它们所跨越的范围之广，可能令你意想不到哟！踏入“北山经”的地界，又有数不清的奇异动植物和令人神往的神话故事，它们正等着你去探索挖掘呢！如果准备好了，就跟我一起再度踏上征程吧！

“北山经”第一列山系

【共二十五座山】

山系概述

北方第一列山系从单狐山开始，到堤山为止，共有二十五座大山，绵延五千四百九十里，真是壮观极了！这里的神话故事相对来说要少一些，但是山中的异兽奇鸟一点儿也不少，比如臛（huān）疏、鹌鸪鸟、何罗鱼、孟槐、孟极、鮨（yì）鱼等。这里有很多铁、铜、玉石等矿产资源，以及野葱、韭菜、野桃树、臭椿树、柏树等植物。

这里的山神全都是人面蛇身，祭祀的时候不用精米，人们需要准备一只雄鸡和一头猪，接着需要准备一块圭为吉玉，把它们按步骤先后埋入地下。

①单狐山上的机木和华草可多了！这里是逢（féng）水的发源地，水中满是紫色的石头和带花纹的石头。②求如山上到处都是铜矿，山下则满是玉石。山中的滑水里有很多滑鱼和水马，水马的叫声像人在呼唤。③带山则是漫山遍野的玉石，野兽臛（huān）疏和雌雄同体的鹌鸪（qí yú）鸟在这里开心地生活。何罗鱼和孟槐生活在④谯（qiáo）明山。何罗鱼长着

一个脑袋、十个身子，奇怪极了！发源于⑤涿光山的嚣水中生活着很多有十只翅膀的鳛（xí）鳛鱼，山中还有很多松柏、羚羊和蕃鸟。⑥虢（guó）山中有许多骆驼和寓鸟，山下则生长着十分茂密的桐树和椐树。⑦虢山之尾满地都是美玉，水中还有很多带花纹的贝。⑧丹熏山上有一种非常可爱的生物——耳鼠，它们和臭椿树、柏树、韭菜和薤（xiè）菜共享家园。⑨石者山和⑩蔓联山上都没有一点儿植物，石者山上有很多美玉，是野兽孟极的栖息地；而蔓联山则是野兽足訾（zī）和䴔（jiāo）鸟的家。⑪边春山上生机勃勃的，有很多野葱、韭菜、野桃树等植物，幽鴳（è）就在此安家落户。⑫单张山同样没有植物，却能看见诸犍（jiān）与白鵺（yè）。如果菜刀钝了，你可以去⑬灌题山下找细磨刀石。这里还有不少臭椿树和柘（zhè）树，那父和竦（sǒng）斯鸟也生活在此。⑭潘侯山是牦牛的乐园。这里满是松柏、榛树和楛树，还有丰富的玉、铁资源。⑮小咸山、⑯大咸山和⑰少咸山上都没有植物。小咸山冬天和夏天都在下雪，大咸山呈四方形，难以攀登，而少咸山则遍地玉石，还有会吃人的猰貐（yà yǔ）和剧毒的江豚。⑱敦薨（hōng）山下生长着大片紫色草。兕、牦牛、布谷鸟以及红色的鲑鱼共同生活在这里。⑲狱法山发源的瀤（huái）泽水中有很多鱳（zǎo）鱼，山上还有一种人脸犬身的野兽山猈（huī）。没事千万别去⑳北岳山，因为上面有会吃人的野兽诸怀，还有很多狗头鱼身的鮨（yì）鱼。㉑浑夕山、㉒北单山和㉓罴（pí）差山也都没有花草树木。浑夕山上满是铜和玉；北单山上长有很多葱和韭菜；罴差山上生活着很多野马。㉔北鲜山、㉕堤山也有很多野马，堤山上还生活着狕（yǎo）和不少龙龟呢！

“北山经”第二列山系

【共十六座山】

山系概述

北方第二列山系共有十六座大山（也有说法是十七座），绵延五千六百九十里。和前面的山系相比，这里有趣的故事和动植物少了一些，却有很多美玉、铜矿、金属等矿石，还有自己独特的地理风貌。

山神的样貌和第一列山系一样，都是人面蛇身，连祭祀的方式都差不多，只不过这里的人们需要把一块璧和一块圭投入到山中，而不是埋入地下。

北方第二列山系中的山个个都是宝藏！这里矿产资源丰富，而且河流众多，环境各异，还有独属于自己的珍奇动植物。①管涔山是第二列山系中的头一座山，山下有很多玉石，山里的草很茂盛，却没有树木。下一座山是②少阳山，它不仅盛产美玉，还有很多赤银。发源于少阳山的河流叫作“酸水”，里面有不少优质的红土。③县雍山上有很多小动物，比如闾（lǘ）、麋鹿、白翰鸟等。这里还有一种叫声像大声呵斥的鱼，名叫“鮆（jì）鱼”。④狐岐山是一座满是玉的“宝山”，不管是山上还是水中，到处都是美玉。⑤白沙山真是山如其名，这里到处都是沙子和白玉，但没有草木和鸟兽。⑥尔是山和⑦狂山的生存环境看上去也不太好，尔是山特别缺水、荒凉，狂山上的雪从冬天下到夏天，想想就觉得冷！⑧诸余山是个好地方！欣赏松柏的同时，还能开采到不少值钱的玉石和铜矿呢！⑨敦头山上的玉石和金属资源也不少，而且还有头上长着一只角的䮝（bó）马。如果在⑩钩吾山上听到婴儿的哭泣声，千万不要靠近！因为那是会吃人的狍鸮（páo xiāo）发出的声音。⑪北嚣（xiāo）山上没有石头，但这里遍地都是美玉。独狢（yù）和鸀鹛（pán mào）是这里的主人。⑫梁渠山有丰富的水源，却没有植物。这里生活着长着刺的居暨（jì）和四只翅膀的嚣。⑬姑灌山也是一座终年寒冷的大雪山。⑭湖灌山是一座“玉山”，这里有很多野马和䱜鱼，还有一种拥有红色纹理的奇怪树木。⑮洹（huán）山上的三桑树真称得上是“参天大树”，它们的树干有百仞高，一眼望不到头！位于北海之滨的⑯敦题山上有非常多的金，当然，玉也是它的特产哟！

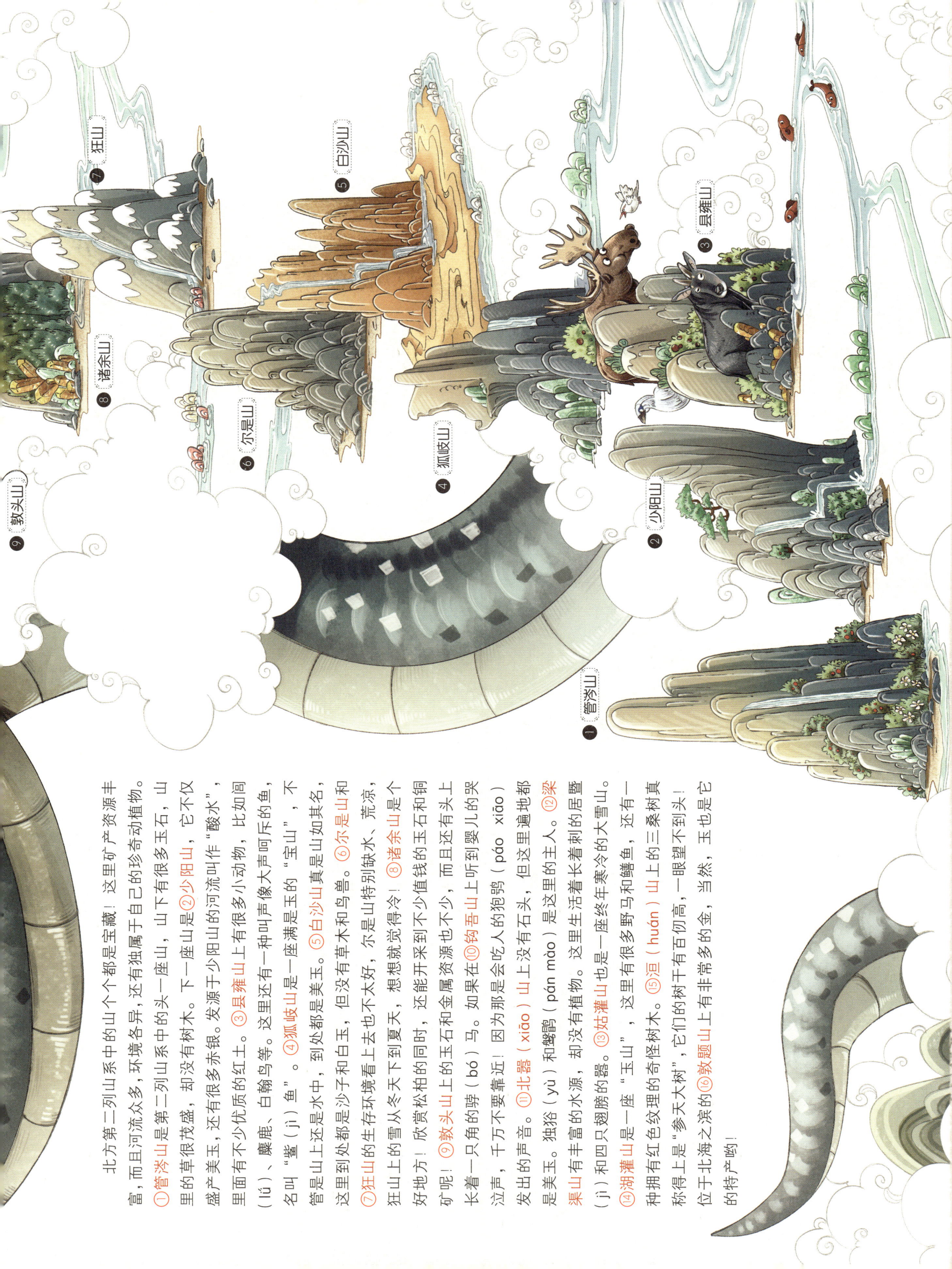

“北山经”第三列山系(一)

【共四十六座山】

山系概述

北方第三列山系自太行山起，到錞于毋逢山止，足有四十六座之多（也有说法是四十七座），绵延一万二千三百五十里，像一条长龙一样！这里的铜、铁和玉石等资源十分丰富。

另外，这些山还有一个共同的特点，那就是都拥有奔腾不息的江河。这里的珍禽异兽也很多，比如领胡、象蛇、䱎（xiàn）父鱼和黄鸟等。

①太行山是北方第三列山系之首。山上藏着丰富的金属矿和各种美玉。长着四只角的䍺（hún）和长着六只脚的鷾（bēn）在这里自由地玩耍。②龙侯山上也有不少矿物和玉，但是没有花草树木。山上有决（jué）决水，决决水中的人鱼可以发出婴儿一样的啼哭声，真是让人毛骨悚然！你知道天马长什么样子吗？③马成山就有一种名叫天马的野兽，不过比起马，它长得更像带翅膀的狗！这里还有可以治疗老年健忘症的鶌鶋（jū jū）鸟。条菅水发源于④咸山，流入长泽。水中有很多三年成熟一次的器酸，它可以治疗恶疮。⑤天池山可不是长白山天池，这里有一种很可爱的生物——飞鼠，还有很多黄色垩土。满是美玉的⑥阳山是领胡、象蛇和䱎（xiàn）父鱼的家。再向东三百多里，就是⑦贲（fèn）闻山。贲闻山和⑪孟门山一样，不仅苍玉遍布，还有很多黄垩土和黑矾石。⑧教山在满是石头的⑨王屋山东北三百里处，教山上全是玉但没有石头，它附近的发丸山虽然不大，却有丰富的金和玉资源。教山往南三百里，是这列山系的两座⑩景山之一，山上长着茂密的草木。这里的草多为秦椒。山里栖息着一种名叫酸与的凶鸟，据说它出现的地方就会发生可怕

的事情。在盛产优质美玉的⑫平山东二百里处，有一座⑬京山，这里拥有茂密的漆树和竹林，还有不少磨刀石呢！⑭虫尾山和⑰泰头山的特产极为相似，都有茂密的竹林、大量的金属和碧玉。肥水发源于⑮彭毗（pí）山，流入床水，水中有很多肥遗。再向东一百八十里的⑯小侯山居住着乌鸦一样的鸪鹨（gū xí）鸟。⑱轩辕山上的黄鸟可以让人不再生嫉妒心。⑲谒戾山是块风水宝地，沁水、丹林水和婴侯水都从这里发源。⑳沮洳（jù rù）山中产金和玉，没有草木。㉑神囷（qūn）山上的漂亮石头可多了！㉒发鸠山就是精卫鸟的家，这里有很多柘（zhè）树。㉓少山、㉔锡山、㉕景山、㉖题首山和㉗绣山上都藏着很多的美玉，如果喜欢寻宝，来这几座山准会让你满载而归！

《北山经》第三列山系（二）

【共四十七座山】

山系概述

北方第三列山系中，有二十位山神的形象都是马身人面，祭祀的时候需要将一块系有五彩丝绳的玉和一种名叫茝（chǎi）的香草埋入地下。还有十四位山神佩戴着玉，长着猪一样的身子，祭祀之时需要用玉器，但不用埋入地下。还有十位山神猪身蛇尾，长着八只脚，祭祀的时候要把一块璧玉埋入地下。

①松山没什么特色，只有一条阳水从这里奔腾而下，流入黄河。②敦与山的水资源十分丰富，它是溹（suò）水、泜（chí）水和槐水的发源地。但是这里没有花草树木。③柘（zhè）山、④维龙山和⑤白马山不仅是邻居，还有一个相同点就是阴面都盛产铁矿。另外，这三座山上的玉石和金属资源都很丰富，尤其是维龙山，上面还有很多黄金呢！⑥空桑山是座大雪山，由于气候寒冷，山上的雪一年四季都在下，所以没有一种动植物喜欢在这里安家落户。㚟（dōng）㚟是一种只有一只角和一只眼睛，长得像羊一样的兽，它生活在不生草木的⑦泰戏山上，和满山的玉石做伴。⑧石山乍听上去好像满山都是大石头，其实并不是。这里遍地金和玉，还是两条河的发源地呢！石山再往北二百里就是⑨童戎山，据说皋涂水就是从这座山发源，奔出山涧后向东流去。⑩高是山上的植物大多是棕榈和条草。⑪陆山是郱（jiāng）水的发源地。再往北二百里就是⑫沂山，般水从这里发源，然后向东注入黄河。⑬燕山上到处都是像玉一样的石头，它北边一千里的地方，就是⑭饶山。饶山上有很多骆驼和鸺鹠（xiū liú）鸟，还有一种叫“师鱼”的鱼。这种鱼千万不能吃，吃了它的肉能让人中毒而死！⑮乾山也跟其他很多山一样，植物资源很匮乏。不过这里有一种很有特色的野兽——獂（yuán），它长得跟牛很像，却有三条腿。⑯伦山上的罴（pí）真是奇怪，虽然外表看起来像麋鹿，但肛门却长在尾巴上。盛产玉石的⑰碣石山是绳水的发源地，水里有很多蒲夷鱼！往北行五百里水路，就到了没有草木的⑱雁门山。再行四百里水路，就会看到泰泽。方圆达一百里、没有草木的⑲帝都山就屹立在泰泽中。⑳錞（chún）于毋逢山是北方第三列山系中的最后一座山。登上山顶，面向北方，你就可以看见鸡号山，从那里吹出的风非常强劲；面向西方，你就可以看见幽都山。这座山中有一种红头白身的大蛇，它会发出像牛一样“哞哞”的叫声，它的出现是大旱灾的预兆！

-“北山经”中出现的异兽-

①旄（máo）牛的家在潘侯山上，它们的样子和普通的牛差不多，只是四肢关节上长着长长的毛。②䍺（bó）马或许就是传说中的独角兽吧！它的身子雪白，形状像牛一样，但是只有一只角，发出的声音如同人的呼唤。③那父的形状也和牛很像，但是注意别把它和䍺马搞混了哟！那父的叫声虽然也像人在高声呼唤一样，但它的尾巴是白色的，而且没有独角。你可能不知道什么是④橐（tuó）驼，但说起它的另一个名字，你就再熟悉不过了！那就是沙漠之舟——骆驼。⑤诸犍（jiān）人面豹身，只有一只眼睛，还长着一双牛耳朵。平时走路的时候，它把尾巴叼在嘴里。在休息的时候，则会盘起来。⑥大蛇是一种预示着旱灾的动物，它红头白身，能发出像牛一样“哞哞”的叫声。如果你遇到长着人类的脸、狗的身子，并且身手敏捷，脸上时常露出笑容的⑦山𤟤（huī），那就赶快找个避难所吧！这说明大风马上就要来了。⑧耳鼠真是太可爱啦！它外形像老鼠，却长着兔子的脑袋和麋鹿的耳朵，还会发出狗的叫声，能用尾巴飞行。⑨䍶（dōng）䍶的外形像羊，但是它只有一只角和一只眼睛，眼睛还长在耳朵后面，非常有趣。⑩幽鴳（è）长得就像满是花纹的猿猴，非常喜欢笑，一见到人类就趴在地上。⑪罴（pí）的外表就像麋鹿一样，但它的肛门长在尾巴上，非常奇怪。狗头马尾的⑫独㺉（yù）外形好像白色的老虎，狗头马尾，非常霸气。⑬领胡是一种外形像牛的野兽，它长着红色的尾巴，脖子上有个像斗一样的大肉瘤。会吃人的⑭诸怀外形也像牛，它有四只角，长着人的眼睛和猪的耳朵，叫声就像大雁的鸣叫。⑮狍鸮（páo xiāo）羊身人面，虎齿人趾，眼睛

长在腋下，叫声像婴儿啼哭。⑯肥遗是长有一个头和两个身体的怪蛇，如果见到它，就说明附近会有大旱灾。⑰水马是生活在水中的“马”，它们外表像马，却长着一条牛尾巴，前腿上还有花纹，叫声好像人类的呼唤声一样。⑱飞鼠生活在天池山上，它可爱极了，像老鼠和兔子的结合体。飞鼠没有翅膀，靠着背部来飞行。⑲狕（yǎo）是一种脑袋上有很多花纹，长得像豹子一样的动物，它生活在堤山之上。⑳猿（huán）有三只脚，叫起来好像在呼唤自己的名字。人们常说“天马行空”，㉑天马像只脑袋是黑色的白狗，它见到人就会飞走哟！㉒讙疏（huān shū）是一种头上长着一只角，外形像马的动物，可以用它来避火。㉓孟槐是可以辟邪的动物，它长得像全身长满红色软毛的豪猪，叫声像猫咪叫声一样。㉔居暨（jī）兽也是全身红毛，不过它长得更像刺猬，叫声像小猪叫声。㉕龙龟拥有龙的头、龟的身子和蛇的尾巴，是一种可以驾驭水火的神兽。㉖孟极长得像豹子一样，它全身都是雪白的，额头上长有花纹。帅气的孟极是潜伏隐藏的高手！㉗长蛇的身上长有猪毛一样的毛发。它发出的声音像敲击打更用的梆子。㉘足訾（zī）像猕猴，脖子上有长毛，有四个马蹄子和一条牛尾巴，像是多种动物的组合体！㉙䍺（hún）是一种长着四只角，像羚羊一样的动物，它有马尾巴和四只鸡爪子，善于盘旋起舞。如果在少咸山上听到了婴儿的声音，千万不要靠近，因为那可能是会吃人的㉚窫窳（yà yǔ）！它是一种既凶狠又丑陋的怪兽！

可怕的吃人怪兽——窫窳（yà yǔ）

在《北山经》中窫窳的样子像牛，它全身红色，长着人面和马足，鸣叫声好像婴儿啼哭一样，是一种能吃人的可怕怪兽。在《海内西经》中，也记载着一个窫窳：他被人脸蛇身的贰负及贰负的臣子危杀死。这个被谋杀的窫窳也长着人脸和蛇身。

《淮南子》中的猰貐（yà yǔ）

猰貐就是窫窳的别称，除了在《山海经》中有记述，在《淮南子·本经训》中也有提及哟！《淮南子》中讲述了羿斩杀了乱吃人的猰貐的壮举。

名列前茅

“前茅”一词最早见于《左传》，与行军作战有关，指行军中先头部队扛举的旗帜。清代训诂学家王引之认为，“茅”与“牦”字通用。据说楚国行军时用牦牛尾巴上的长毛装饰旗杆，作为先锋和指挥标志。成语“名列前茅”就这样逐渐演变而来了。《山海经》中，潘侯山上就有一种长毛的牛型野兽被称为“旄牛”。

“天马的后代”大宛马

《史记·大宛列传》中有记载，大宛这个地方出产一种汗水像血的马，据说它们的祖先就是天马哟！

天马

天马的头是黑色的，外形像白色的狗，看见人就会飞走。现实中真的有这种神奇的生物吗？书中的记载引发人们无限遐想。

饕餮纹铜鼎

商周时期有很多礼器上都有饕餮（tāo tiè）的形象，人们希望它能够守护器中的食物。

贪吃的恶兽——狍鸮

传说狍鸮（páo xiāo）就是饕餮。它长着羊一样的身体、人的脸，眼睛长在腋下。狍鸮的叫声像婴儿啼哭，被它逮到的人会被吞吃入腹。

-“北山经”中出现的鸟类-

①鸺鹠（xiū liú）生活在饶山上，它是一种怪鸟，有棕褐色带横斑的身子，黑褐色的尾巴和白色的腿。②竦（sǒng）斯的叫声好像是在呼唤自己的名字。它长得和雌性野鸡相似，却有一张人脸，一见到人类就会跳起来。③鸪鸐（gū xí）鸟的外形好像一只大乌鸦。它的身上有白色的斑纹，如果谁的眼睛有昏花的症状，就可以把它捕捉来吃掉，这样的话，眼疾就会痊愈了！带山上的④鵸鵌（qí yú）是一种雌雄同体的鸟，虽然它的外形像丑丑的乌鸦，但是浑身长着有红色斑纹的五彩羽毛，人如果吃了它的肉，就不会生疽（jū）了！⑤寓鸟的外表很像长着翅膀的老鼠，它发出的声音像羊叫，可以帮人抵御兵器伤害。说起⑥精卫，你一定不会陌生！没错，正是“精卫填海”中的那个精卫。它的形状也像乌鸦，头上的羽毛有花纹，嘴巴是白色的，还有一双红色的脚，叫声好像在呼唤自己的名字。归山中有一种白色身子、红色尾巴，长得像喜鹊一样的鸟叫⑦鵺（bēn），它有六只脚，十分警觉，发出的叫声也像是在呼喊自己的名字。⑧象蛇的外表像是雌性的野鸡，它雌雄同体，羽毛上有五彩斑斓的花纹。⑨鴸鹛（pán mào）喜欢昼伏夜出，外表像是长着人面的乌鸦。它的肉可以治疗中暑。⑩酸与身形像蛇，长有四只翅膀和六只眼睛，还有三只脚。它出现的地方，准会有恐怖的事发生！⑪嚣（xiāo）长着四只翅膀、一只眼睛，还有一条狗尾巴。它的外形很像夸父，叫声像喜鹊，肉可以治疗腹痛腹泻。⑫鸡（jiāo）不喜欢单独行动，它们总是一起出行，又一起归巢。鸡的毛像雌性的野鸡一样，吃了它们的肉，可以防止中风。⑬鶌鶋（jū jū）是一种长得像乌鸦的怪鸟。它的头是白色的，身子是青色，脚则是黄色。人们吃了它的肉就不会感到饥饿了。⑭白鵺（yè）有一对儿白色的翅膀和一双黄色的脚。如果有咽喉肿痛或者癫狂症的话，吃了它的肉就会好。

精卫

在遥远的发鸠山上，生长着很多柘树，树林里生活着一种花脑袋、白嘴壳、红脚丫儿的鸟，这种鸟名叫精卫。

精卫填海

上古时期，姜姓部落的首领炎帝有一个长得非常可爱的小女儿，名叫女娃。女娃从小就喜欢去东海里游泳。有一次，小女娃又去东海游玩，谁知却遇上了大风浪，小小的女娃就这样被卷入了汹涌的海浪之中。女娃在海水里不停地挣扎，可即使她用尽了力气，也没能游上岸来，最后女娃不幸溺水身亡。

女娃死后，精魂并没有消散，而是化身成了精卫鸟。面对将她吞没的东海，精卫鸟只有一个信念，那就是将它填平！于是从那以后，精卫每天都会从西山衔来木石扔进东海里。年复一年，不断地重复着，从未间断。

“精卫填海”不仅是一个神话传说，还是一个寓意深刻的成语。它用来比喻人意志坚强，不怕困难，坚持不懈。

-“北山经”中出现的鱼类-

❶ 鱳鱼

❷ 䱻父鱼

❸ 滑鱼

❹ 䗂

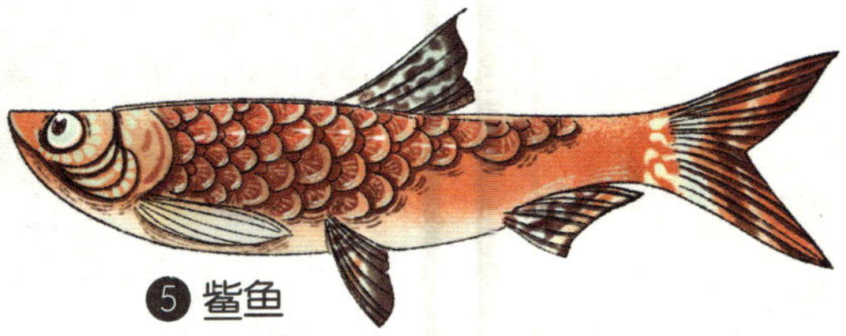

❺ 鮆鱼

❻ 何罗鱼

❼ 鳛鳛鱼

❽ 䱱鱼

❾ 鳠

❿ 儵鱼

⓫ 人鱼

①鱳（zǎo）鱼生活在狱法山上的河水中，它们的外形很像长了鸡爪的鲤鱼，它的肉吃了能治疗瘊子。②䱻（xiàn）父鱼长得很奇怪，它的外表很像鲫鱼，长着一个鱼头，身体却长得像猪。它的肉也可以入药，能够治疗呕吐。③滑鱼是可以治疗瘊子的良药，它长得像鳝鱼一样，有着红色的脊背。这种鱼的叫声很好听，就像有人在弹琴。④䗂（měng）是蛙的一种。可以治疗狐臭的⑤鮆（jì）鱼生活在县雍山上的晋水之中，它身上长着红色的鱼鳞，叫声好像有人在斥责别人一样，非常吵闹。⑥何罗鱼可真称得上是一种怪鱼了，它只有一个脑袋，却足足有十个身子！如果它在水中发出叫声，你可能会以为水中有一条小狗，因为它的叫声和狗的叫声一样。人吃了它的肉可以治疗痈疮病。⑦鳛（xí）鳛鱼拥有可爱的叠字名。虽然是鱼，但长得却很像喜鹊，只不过喜鹊只有两只翅膀，而它却有十只翅膀！鳛鳛鱼的鱼鳞在翅膀的尖端，它是一种可以用来防火的鱼。人吃了鳛鳛鱼的肉可以治疗黄疸病。⑧䱱（yì）鱼长着鱼的身子，却有一只狗头，发出的声音像婴儿啼哭。人吃了它们的肉就能治愈癫狂病。⑨鳠（hù）有四对儿胡须，看起来好像一个小老头儿。它是灰褐色的，体态比较纤细，头部扁平，背鳍和胸鳍有一对儿硬刺。⑩儵（tiáo）鱼的外表也十分怪异，它的形状像长着红色羽毛的鸡，还长着三条尾巴、六只脚和四个脑袋。它的叫声像喜鹊，吃了它的肉就可以不再烦恼和忧愁。怎么样，是不是很想钓几条儵鱼来尝尝呢？⑪人鱼可不是我们想象中的美人鱼，这里说的人鱼长得很像娃娃鱼，有四只脚，叫声也很像婴儿啼哭。吃了它的肉可以治疗疯癫病。

陵鱼

传说陵鱼生活在海中，有着鱼的身子，却长着人脸和人的手脚。

氐（dī）人国的居民

《海内南经》中记载过一个氐人国，这里的人都是人面鱼身，没有脚。

赤鱬

赤鱬也长着人脸，声音像鸳鸯的叫声，可以当治疗疥疮的药材。

鱼妇

鱼妇是一种身体半边干枯的鱼，据说帝颛顼死后附身于鱼，由此死而复生，变成了半人半鱼的存在。

姑娘你别哭了，我们快来一起认识一下《山海经》中出现的其他人鱼吧！
虽然我们鲛人的眼泪可以化成珍珠，但这不是我们被欺负的理由！
这可全都是货真价实的珍珠哇！

-“北山经”中出现的植物、矿产和石头-

传说器酸是一种很珍贵的草药，它生长在咸山上的条菅（jiān）水中。这种药材每三年才能成熟一次，是治疗恶疮的特效药。

三桑树可真高呀！它的树干高达八十丈，顶端简直可以伸到云彩里去，用“高耸入云”来形容一点儿也不为过！这种树有一个奇怪的特征，那就是不长叶子，看上去光秃秃的。

矿藏丰富的谒戾山上生长着茂密的柏树。柏树的树形较为高大，果实如同小铃铛，散发着甘香的味道，据说服用后可使人耳聪目明，不饥不老。

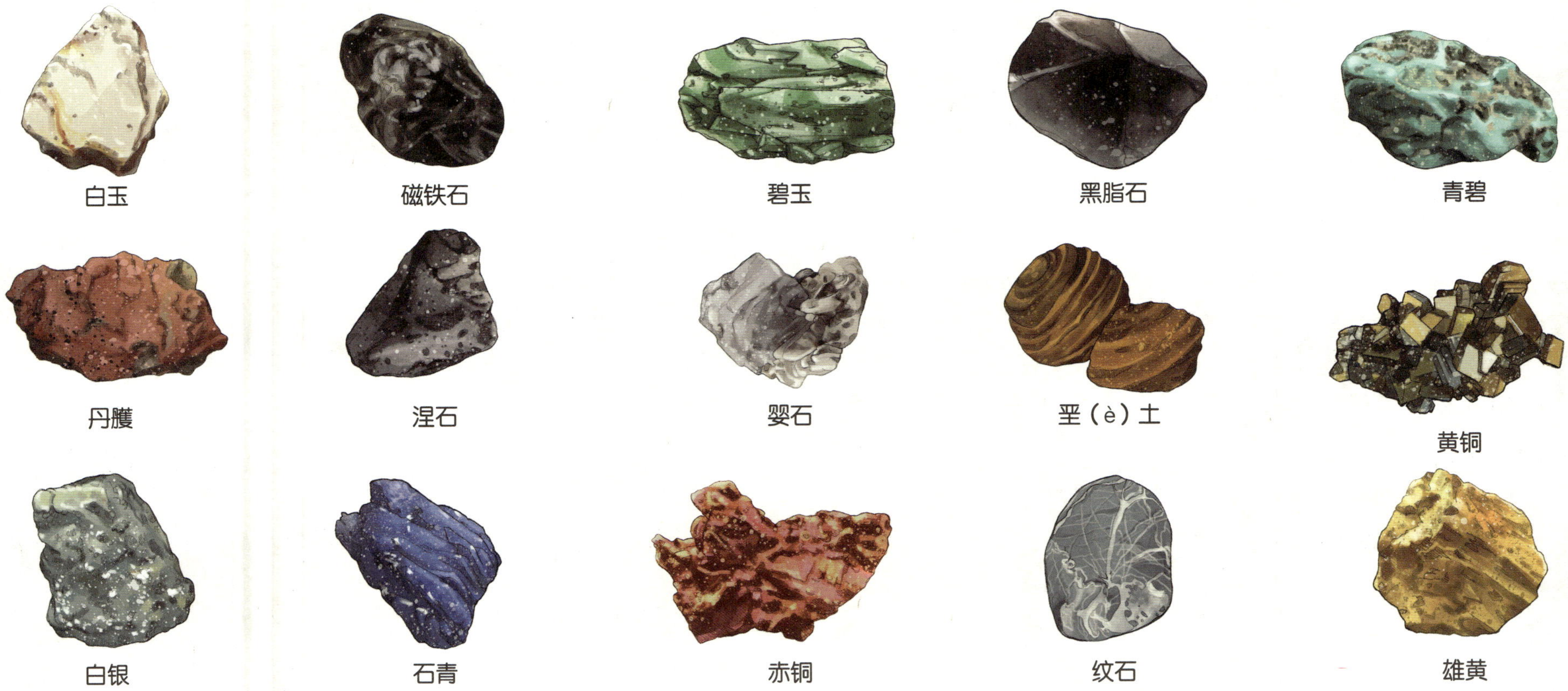

“北山经”中的矿产资源和“西山经”中的基本相同，有各式各样的金属矿和数不清的美玉。其中，金属矿包含了铁、白银、赤铜、黄铜等，而玉则有白玉、碧玉及其他各色美玉。另外，“北山经”中还有好多有颜色的石头，如黑脂石、丹雘（huò）、石青等，五颜六色的，非常好看！除此之外，“北山经”中还有一些从没听过、见过的奇石呢！就拿婴石来说吧，它产于燕山之中，外表看上去非常漂亮，它虽然是石头，但和玉十分相似。

“东山经”

随着旅程的进一步深入，我们告别了在地图上跨越范围极广的北山山系，进入《东山经》的“地盘”。还记得《北山经》中那些令人神往的奇花异草、珍禽异兽吗？你是否会对那段奇妙的旅程感到不舍呢？没关系，因为《东山经》中的宝贝会令你更加心驰神往、流连忘返哟！准备好了吗？一起踏上旅途吧！

“东山经”第一列山系

【共十二座山】

山系概述

东方第一列山系共有十二座山，一共三千六百里。虽然山的数量不多，但金属矿物、美三等应有尽有，还有很多如儵鳙（tiáo yóng）、鳙（yōng）鳙鱼、从从、蚩（zī）鼠一类的奇异生物，以及十分丰富的水资源。

这里的山神都是人身龙头，在祭祀他们的时候，需要把一只狗作为祭品，进行祈祷，并把鱼血涂在祭器上。

东方的首座山名叫①樕螽（sù zhū）山，发源于此的食水中生活着很多体形像牛、声音像猪叫的鳙（yōng）鳙鱼。②藟（lěi）山上的美玉可多了！山下则到处都是黄金。不远处的③栒（xún）状山除了有金属矿物和美玉之外，还有很多非常漂亮的青碧石呢！《东山经》中的④勃齐山和⑤番条山上一点儿花草树木都没有。不过，发源于番条山的减水中有很多鳡（gǎn）鱼。⑥姑儿山上有茂密的漆树林，山下则生长着很多桑树和柘树。⑦高氏山的箴石可以用来制针。另外，这里的水中有很多金和美玉，令人非常向往！⑧岳山上也有丰富的金和美玉资源，这里还有葱郁的桑树和茂密的臭椿树。⑨豺（chái）山上不但没有植物，还生活着一种预示洪水的不祥之兽。⑩独山上的儵鳙（tiáo yóng）出入水中的时候会闪闪发光，古人认为它的出现是旱灾的预兆。⑪泰山也是一座遍布美玉和金属的山。体内可以孕育珠子的奇兽狪（tóng）狪把这儿当作自己的家。⑫竹山上有很多美玉和青绿色的玉石。

“东山经”第二列山系

【共十七座山】

山系概述

东方第二列山系共包含十七座山，其中有很多山都十分贫瘠，但玉石、金属以及动物却有不少。这里的山神都是人面兽身。祭祀的时候，人们会使用一只鸡，并祈祷，再将一块象征山神饰物的璧埋入地下。

东方第二列山系的首山名叫①空桑山，山中有预示着水灾的軨（líng）軨。②曹夕山上的鸟兽很多，但一条河流也没有。③峄皋（yì gāo）山蕴藏着丰富的金属、美玉和白垩土，峄皋水中还有很多漂亮的大蛤蜊和江珧（yáo）呢！葛山的首尾两端都十分荒凉，没有草木。④葛山之首生活着味道酸甜的珠蟞（biē）鱼，⑤葛山之尾则到处都是磨刀石。⑥余峨山上有很多树木，而它的邻居⑦杜父山就显得十分荒芜，因为这里没有一点儿植物。⑧耿山一样没有植物，但遍地都是晶莹剔透的水晶石，还有不太常见的大蛇和朱獳(rú)。⑨卢其山、⑩姑射（yè）山，以及⑪南姑射山和⑫北姑射山都光秃秃的，山上岩石裸露，没有植物。⑬碧山上不长草木，但有很多青色的玉石和水晶。⑭缑(gōu) 氏山和⑮姑逢山一样寸草不生；不过这两座山却拥有非常丰富的玉、黄金资源。⑯凫(fú)丽山和⑰磹(yīn)山上生活着好几种不祥的凶兽，如吃人的蠪（lóng）侄、预示瘟疫的峳（yóu）峳等。

“东山经”第三列山系

【共九座山】

山系概述

东方第三列山系共有九座山。这九座山各有特色，有的不长植物，有的却环境优美，吸引了不少可爱的小动物安家落户。

这里的山神都是人身羊角，祭祀的时候要用公羊和黍米做祭品。这些山神一出现就会刮大风、下大雨，非常不利于庄稼生长。

东方第三列山系的首山是①尸胡山，这座高山上满是金属矿物和美玉，山下则有很多酸枣树。䍴（wǎn）胡的家就在这里。②岐山不仅有很多桃树和李树，还有不少老虎呢！③诸钩山、④中父山和⑤胡射山都比较荒凉，因为这些地方寸草不生，到处是碎沙石。⑥孟子山与先贤孟子同名，这里绿树成荫，满是梓树、桐树、桃树和李树，还有很多麋鹿，可热闹了！⑦跂踵（qǐ zhǒng）山不长草木，却蕴藏着丰富的美玉资源，山中有可怕的大蛇，还有一个名叫深泽的水潭，蠵（xī）龟和鲐（gé）鲐鱼快乐地生活在潭水里。⑧踇隅（mǔ yú）山上草木繁盛，有不少金、玉和赭石。还有一种名叫精精的兽，长得像牛，却有一条马尾巴。⑨无皋山的南面可以看见幼海，东面可以看见扶桑树，据说，太阳就是在扶桑树下升起的。但是，无皋山没有草木，还经常刮大风，环境真是太恶劣了！

“东山经”第四列山系

【共八座山】

山系概述

东方第四列山系自北号山起到太山为止，一共有八座山，全长一千七百二十里。这里的很多山上都生活着预示不祥的动物，比如薄鱼、鳎（huá）鱼、蜚等，还有很多会吃人的怪兽。

东方第四列山系的首山是①北号山。这座山上有一种奇特的树，结的果子就像无核的枣子一样，可以治疗疟疾。另外，这里还有两种会吃人的怪兽——猲狙（gé jū）和鬿（qí）雀，见到它们的话，一定要远远避开。不生草木的②旄（máo）山上有治疗瘊子的良药——鱃（qiū）鱼。

它南边三百二十里就是③东始山，这里有一种名叫芑（qǐ）的奇树。把这种树的汁液涂在马的身上，马就会被驯服。④女烝（zhēng）山上没有草木，但这里有一种叫声像呕吐一样的不祥之鱼，名叫薄鱼。⑤钦山遍地黄金美玉，山中栖息着一种外形像猪的野兽，它名叫当康，长着一对儿大獠牙，象征着丰收。⑥子桐山上的子桐水中生活着很多象征旱灾的鳎（huá）鱼，它们形状像鱼，却长着一对儿鸟的翅膀，出入水中时身上会闪闪发光。⑦剡（shàn）山和⑧太山上都蕴藏着丰富的金和美玉，不过，这两座山上分别生活着可怕的凶兽——合窳（yǔ）和蜚（fěi）。

-“东山经”中出现的异兽-

❶ 狪狪

② 軨胡

③ 蜚

④ 精精

⑤ 从从

⑥ 犰狳

⑦ 被被

⑧ 朱獳

⑨ 猲狙

⑩ 軨軨

⑪ 合窳

⑫ 蠪侄

⑬ 当康

①狪（tóng）狪长得就像一只可爱的小猪，生活在泰山上，发出的声音像是在呼喊自己的名字。最神奇的是，它的体内有珠子！②軨（wǎn）胡看起来很像麋鹿，却长着一双小小的鱼眼睛。③蜚（fěi）的外形像牛，脑袋是白色的，长着一只眼睛和蛇一样的尾巴。只要它走过的地方，草都会枯死，河水都会干涸。而且它一出现，就代表天下将要发生大瘟疫。④精精拥有一个非常可爱的名字。它外形像牛，却长着一条马尾巴，四肢细长，很善于奔跑！⑤从从长得像狗一样，但是它有六条腿。小小的⑥犰狳（qiú yú）一看见人就会装死。它的外形像兔子，长着鸟嘴、鹞鹰的眼睛和蛇的尾巴。只要它出现，就将要有虫灾了！⑦被（yóu）被是一种不祥之兽，它外形像马，长着羊眼睛和牛尾巴，头上还长着四个角。它的出现代表着国家中有很多奸猾小人。⑧朱獳（rú）是一种长得像狐狸的凶兽，它在哪个国家出现，哪个国家就会发生令人恐慌的事。⑨猲狙（gé jū）的脑袋红红的，外形长得像狼，却有一双老鼠眼睛。它可坏了，是一种吃人怪兽。⑩軨（líng）軨的叫声很像人在呻吟，长得像牛却有一身虎纹。它是洪水来临的征兆。⑪合窳（yǔ）也是发洪水的象征，它长着人的脸和猪的身子，还拖着一条红色的尾巴。合窳还会吃人呢！非常可怕。⑫蠪（lóng）侄的外表长得像狐狸，它和九尾狐一样，有九条尾巴。不同的是，它还有九个脑袋和老虎一样的爪子。蠪侄特别凶残，是一种吃人的恶兽，见到它一定要拔腿就跑！⑬当康就像长着大獠牙的猪，是一种象征丰收的瑞兽哟！

-“东山经”中出现的鱼类-

①箴（zhēn）鱼有着像针一样的嘴巴，或许叫它“针鱼”更形象一点儿吧！据说人吃了它的肉就不会染上瘟疫。生活在孟子山碧阳水中的②薄鱼是“独眼鱼”，它发出的声音像人在呕吐一样，是一种凶鱼，一旦出现，天下就会大旱。③鮯（gé）鮯鱼长着六只脚和鸟一样的尾巴。它们非常擅长潜水。④鯠鱼又叫嘉鱼。它们长得像鲤鱼，有细细的鳞。⑤鳣鱼是一种大鱼，体长可达到二三丈长呢！它们没有鳞片，鼻子短，肉是黄色的，所以又被叫作“黄鱼”。相传每年二三月份，它们会逆流而上，隐藏在石缝里，张开大嘴等着小鱼“自投罗网”，狡猾极了！⑥鲨鱼性情凶猛，它的皮十分坚硬，且有着珍珠一样的斑纹，可以用来装饰刀剑。⑦鯈鳙（tiáo yóng）出入水中时身上会闪闪发光。它们的外形看上去就像黄蛇一样。鯈鳙鱼也是一种不祥的动物，它是旱灾的象征。⑧珠蟞鱼长得很奇怪，形状像肺，还有眼睛和六只脚。它的体内有珠子，肉味酸甜，人吃了就不会得瘟疫了。⑨鳙（yōng）鳙鱼长得像牛，却能发出猪的叫声。⑩鳡（gǎn）鱼其实就是一种青黄色的淡水鱼，它们吻长口大，可凶猛了，专门吃其他小鱼。长着鸟一样的翅膀的⑪鮹（huá）鱼在水中上下跳跃的时候会闪闪发光，它们的叫声很像鸳鸯的鸣叫。鮹鱼是不祥的鱼，它的出现是大旱灾的预兆。⑫鱃（qiū）鱼长得像鲤鱼，头很大。吃了它的肉之后就不会长瘊子。

-“东山经”中出现的鸟类、植物、矿产和石头-

①蚩（zī）鼠可不是一种鼠，它是一种身形像鸡，却长着老鼠尾巴的鸟。传说它出现的地方都会发生大旱灾。②鬿（qí）雀长着白色的脑袋和老虎一样的爪子。别看身形只有普通的鸡那么大，它可是一种会吃人的凶兽！③鵹鶘（lí hú）的脚掌像人的脚一样。它外表很像鸳鸯，发出的叫声像是在叫自己的名字，它是大兴土木的象征。④絜（xié）钩长着老鼠一样的尾巴。它的外形像野鸭，擅长攀爬树木。不过，它是一种不祥的鸟，预示着瘟疫的出现。

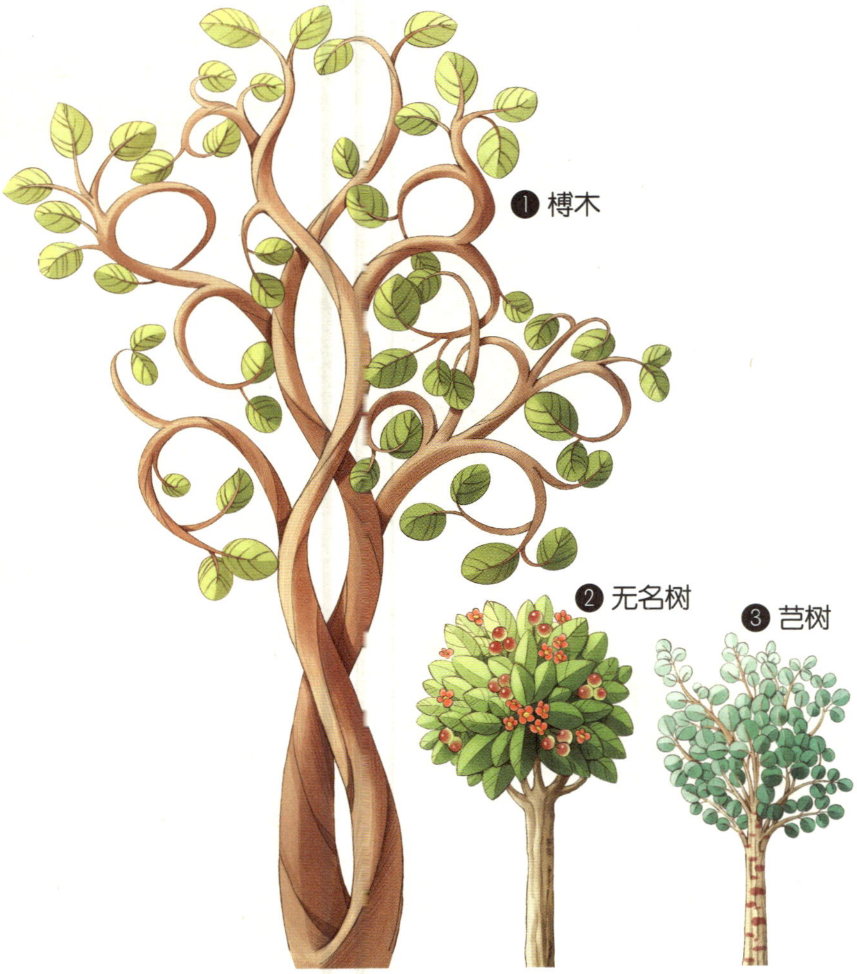

①榑（fú）木就是我们常说的扶桑树。传说太阳就是从扶桑之下升起来的！北号山上有一种②无名树，它的形状和杨树很像，开红色的花，果实酸酸甜甜的，像没有核的枣一样，人吃了就不会得疟疾。③芑（qǐ）树中充满了像血液一样的汁液。如果遇到不好驯服的马，只要把汁液涂在马身上，马就乖乖听话了！

《东山经》中出现的矿石种类和数量不是很多，其中不少都和其他山系相同，比如瑶碧、青碧、黄金、水晶石、白垩土、苍玉等。砥砺和箴石可以算是新鲜玩意儿：砥砺是一种磨刀用的石头，箴石则是一种可以用来制作针的石头。

“中山经”

“东山经”之旅在不知不觉间结束了，在这次旅程中，你印象最深的是什么呢？是那些或可爱或凶猛的奇异动物，还是从没听说过的奇怪植物，抑或是那些各有特色的矿产？不论是什么，相信你都兴趣盎然，并对接下来的旅程充满期待了吧！准备好，奇妙的“中山经”之旅马上就要开始啦！这次又会有哪些奇遇呢？让我们拭目以待吧！

“中山经”第一列山系

【共十五座山】

山系概述

“中山经”首列山系共十五座山，绵延六千六百七十里。这里有很多可以入药的植物，如箨（tuò）草、植楮（chǔ）、鬼草等，而且到处都是赤铜、铁和垩土等矿产资源。想必这些大山一定给古人的生活提供了很多物资吧！历儿山是大山神所在之处，祭祀这位山神的时候，要选用猪、牛、羊三牲齐全的太牢之礼，再挂上一块吉玉献祭！

首座山叫①甘枣山，甘枣山生长着有明目功效的箨（tuò）草，山中有一种叫𪊨（nài）的兽，吃了它的肉可以治疗颈上的大瘤子病。②历儿山上盛产橿树和茎方叶圆的栃（lì）树。③渠猪山上的豪鱼形状像白鲟，吃了它的肉可以治疗白癣。④葱聋山中盛产各类可以用作涂料的垩土，如白垩土、黑垩土等。⑤涹（wō）山是一座“金属山”，山上满是赤铜和铁矿。⑥脱扈（hù）山上有一种名叫植楮（chǔ）的草，人吃了它的果实就再也不会做噩梦了！⑦金星山上有许多天婴，它是治疗痤疮的良药哟！⑧泰威山和⑨橿（jiāng）谷山中的矿产资源都很丰富，泰威山盛产铁矿，橿（jiāng）谷山中则有很多赤铜。⑩吴林山中生长着茂盛的葌（jiān）草。⑪牛首山中到处都是吃了可以忘记忧愁的鬼草。⑫霍山上生长着茂密的构树，这里的朏（fěi）朏可爱极了！⑬合谷山上有很多薝（zhān）棘，⑭阴山上则遍布着可以用来磨刀的砺石。⑮鼓鐙（dēng）山中有很多赤铜，还生长着可以治愈中风、痛风的良药——荣草。

“中山经”第二列山系

【共九座山】

中山经第二列山系的首山叫①辉（huī）诸山。山上的飞禽走兽可多了！闾（lǘ）、麋鹿和鹖（hé）鸟愉快地生活在这片土地上。②发视山和③豪山矿产资源非常丰富，山上有很多的美玉和金，发视山下还有很多磨刀石，豪山上没有花草树木，荒凉得很。④鲜山中有很多金和玉，却没有草木。这里的鲜水中有很多鸣蛇，它们是旱灾的象征。到处都是石头的⑤阳山上同样寸草不生，阳水中的化蛇鸟翼人面，它的出现象征着水灾的来临。赤铜矿虽然很常见，但⑥昆吾山蕴藏着丰富的赤铜，听说这里的赤铜和别的地方所产的不一样，色彩鲜红，是昆吾山所特有的一种铜。⑦葌（jiān）山上到处是金和玉，山下则遍布石青和雄黄，山中还生长着可以毒死鱼的芒草。⑧独苏山光秃秃一片，不生草木，却到处流水潺潺，很是奇怪！⑨蔓渠山上金和玉的资源丰富，山下到处是小竹，可怕的马腹就栖息在这儿。

山系概述

“中山经”第二列山系共九座山，绵延一千六百七十里。这九座大山耸然而立，山中的玉石和矿产资源都十分丰富。和其他山系相比，这里神秘动植物的种类少了很多，只有芒草、鸣蛇、化蛇、马腹等，也许是山的总数比较少的缘故吧！

九座大山的山神形貌都是人面鸟身，祭祀的时候需要选用带毛的牲畜，再将一块彩色的玉投入到山谷中就可以了！

“中山经”第三列山系

【共五座山】

山系概述

“中山经’第三列山系只有五座山，绵延四百四十里。这里的动植物种类相对比较少，但是琈玗（tū fú）玉、瑶、碧等玉石资源以及金属资源十分丰富。祭祀泰逢、熏池、武罗三位山神时，需要用一只公羊和一块彩色的玉。祭祀其余两位山神则是将一只公鸡埋入地下，再用稻米祭神。

中央第三列山系的首山名叫①敖岸山。山上的美玉、黄金等资源丰富。这里草木茂盛，山势高耸，在山顶还能看见黄河岸边的树林。山神熏池住在这座山上。山中有一种名叫夫诸的兽，它在哪里出现，哪里就会发大水。②青要山是黄帝的秘密行宫，由山神武罗掌管。这里气候温和，物产丰富，还有能使皮肤红润光泽的荀草，非常适合女孩子居住哟！除此之外，这里还有很多青身红尾的䴔（yǎo），它们在这里安家落户，自由自在地生活。如果想尝一尝味道甜美的野枣，那就去③䰠（guī）山吧！盛产琈玗（tū fú）玉的䰠山上流淌着正回水，水中有很多飞鱼，吃了它的肉，人就再也不怕打雷了，还可以防止兵器的伤害。④宜苏山上的金和玉资源很丰富，山下生长着茂盛的荆棘丛。滽（yōng）滽水从这里发源，向北流入黄河之中，水中有很多黄色的贝。光秃秃的⑤和山上寸草不生，但有很多美玉和青绿色的玉石，蜿蜒回旋的河山像极了盘龙，共有九条河从这里发源，它们奔腾不息，最后汇聚在一起流入滔滔黄河之中。仔细观察的话，你会发现这九条河中有很多灰白色的玉。名叫泰逢的吉祥之神掌管着这座山，他的样子跟人很像，却长着一条老虎尾巴。他拥有改变天气、施云布雨的能力，非常厉害。

“中山经”第四列山系

【共九座山】

①鹿蹄山是第四列山系的首山。这里漫山宝藏，遍地都是黄金和美玉。②扶猪山上有很多像玉的礝（ruǎn）石，还生活着一种名叫麐（yín）的野兽。③厘山的山坡两侧有不同的特产，阳坡遍布美玉，阴坡则长满了茜草。会吃人的犀渠和身披鳞甲的獭（xié）在这里栖息。④箕（jī）尾山上生机勃勃，有着茂密的构树林，这里还盛产涂石和琈（tū fú）玉。毒树茇（bá）生长在⑤柄山上，它的形状像臭椿树，叶子很像桐树叶，枝干、树叶、果实统统有毒，可以用来毒杀鱼类。⑥白边山矿产资源丰富极了！山上蕴藏着金和玉，山下则盛产石青和雄黄。⑦熊耳山充满生机，山上长着很多漆树，山下长着很多棕榈。发源于此的浮濠水中还有很多水晶和人鱼呢！毒草葶蒂（dǐng nìng）生长在山中，可以用来毒杀鱼类。⑧牡山上遍布带花纹的漂亮石头，山下则生长着各类竹子，还生活着大量飞禽走兽呢！发源于⑨讙（huān）举山上的洛河向东北流入玄扈（hù）水，水中有很多马肠，也就是之前说过的能吃人的马腹兽，真是太可怕了！

山系概述

中部第四列山系共九座大山，绵延一千六百七十里。山中金属、玉石资源应有尽有，还生活着很多飞禽走兽。其中有很多吃人的怪物，如犀渠、马肠等，还有类似于茇（bá）、葶蒂（dǐng nìng）等有毒的植物，上山的时候可千万不能乱碰哟！

这里的山神都是人面兽身，祭祀的时候需要献祭一只白鸡，把它用有彩色花纹的丝织物包裹起来。

“中山经”第五列山系

【共十五座山】

山系概述

薄山山系自苟林山起至阳虚山止，共十五座山（也有说法是十六座），绵延二千九百八十二里。山中的珍奇动物很少，只有䲦（dài）鸟，剩下的如麋鹿等野兽都很常见。植物资源和矿产资源比较丰富，植物有构树、柞树、槐树以及白术、芍药等，矿产有金矿、赤铜矿、各色垩土等。

升山是诸山的宗主，祭祀山神的时候，需要用猪、牛、羊三牲做祭品，祀神的玉器要选用彩色的吉玉。祭祀首山上的山神的时候，需要准备纯黑色的猪、牛、羊，并和美酒一起献祭，祭祀时还要手持盾牌起舞。

“中山经”第五列山系叫薄山山系，第一座山就是光秃秃的①苟床山，这里漫山遍野的怪石头，一点儿生机都没有，十分荒凉。和苟床山截然不同的是，②首山上草木葱茏，生机勃勃，山上有很多构树、柞树、槐树，还有不少茮（zhú）和香菜呢！三只眼睛的䲦鸟生活在这里，它的肉可以治疗湿病。③县劚（zhú）山、④葱聋山和苟床山一样，都是岩石裸露，寸草不生，但县劚山上有很多带花纹的漂亮石头，葱聋山上则有很多比玉稍差的美石。⑤条谷山被各种草和树木覆盖，如芍药、门冬草、槐树和桐树等，遍布山野。⑥超山的背阴坡满是苍玉，向阳坡有一口

与众不同的井，它夏天干涸，冬天却储满了水，真是奇怪极了！⑦成侯山上生长着很多櫄（chūn）树，还有不少秦艽（jiāo）草。再往东五百里就是⑧朝歌山，朝歌山的山谷有很多垩（è）土，可以用来当涂料。⑨槐山山谷中矿产丰富，到处都是金和锡。相传农师后稷就在这座山下教百姓种植庄稼。⑩历山上长满了槐树，想来槐花盛开的时候，一定满山飘香吧！⑪尸山并没有像它的名字那么恐怖，这里遍布着灰白的玉，还生活着很多野兽，尤其是水鹿，它们体形高大，善于奔跑。尸水从这里发源，水中有很多美玉。⑫良余山上草木十分繁茂，但没有石头。余水、乳水从这里发源，分别注入黄河和洛河。⑬蛊尾山是一座矿山，上面盛产赤铜矿，还有不少用于磨刀的砺石。龙余水从这里发源，一路向东南奔腾，流入洛河。⑭升山是一座长满了植被的大山，这里到处是酸枣树、构树、山药、惠草以及寇脱，发源于此的黄酸水中还有很多精美的璇玉。⑮阳虚山是一座“金山”，这儿蕴藏着丰富的黄金。玄扈水从阳虚山脚下流过，但这里的玄扈水并不是洛河流入的那条，只是与它的名字相同。

“中山经”第六列山系

【共十四座山】

山系概述

“中山经”第六列山系——缟羝（gǎo dī）山系自平逢山起，至阳华山止，共十四座大山，绵延七百九十里。由此可以看出，山和山之间的距离都比较近，最多不过百里。其中一半的山都不生草木，怪石嶙峋，这或许和当地的气候环境有关吧！不过，缟羝山系的大山都拥有十分丰富的矿产、玉石资源。鸰鹦（líng yào）、人鱼、旋龟、脩辟鱼、牸牛、羬羊和赤鷩等动物安居于此，并乐在其中。

西岳华山就位于缟羝山系这一带，每年六月，像祭祀其他山岳的山神一样奉上祭品，山神就会保佑天下安宁，这是古时人们对美好生活的祈愿。

“中山经”第六列山系叫缟羝（gǎo dī）山系，首座山叫①平逢山。平逢山很高，在山顶向南看，可以看到伊河和洛河，向东则可以看到谷城山。不过，平逢山的山顶上一片荒凉，一点儿植物都没有。这座山中的神叫骄虫，形状像人，但长着两个脑袋。②缟羝（gǎo dī）山也没有草木，但这里有很丰富的金和玉资源。向西走十里，就到了③廆（guī）山，这是一座阴面满是瑶琈玉的山。山的西面有一个山谷，名叫雚（guàn）谷，谷里草木丛生，一片生机。鸰鹦（líng yāo）栖息在廆山上，人吃了它的肉就不会做噩梦了。④瞻诸山的阳面有丰富的金，阴面则遍布着一种带花纹的漂亮石头。谢（xiè）水和少水都从这里发源，一个流入洛河，一个流入谷水。⑤娄涿山上也有两条河流，分别是瞻水和陂（pí）水。这座山没有花草树木，但有很多金、美玉和漂亮的紫色石头。⑥白石山上的惠水中有很多水晶，涧水中则遍布眉石和栌丹。⑦榖（gǔ）山被厚厚的植被覆盖着，到处都是构树和桑树。爽水发源于此，水中有很多碧玉，好看极了！不生草木的⑧密山的阳面和阴面分别盛产美玉和铁矿，发源于此的豪水中有很多旋龟。环境恶劣的山还有⑨长石山，这里同样不生草木，却遍布着玉和金子！西面的共谷内和谷外简直是两个世界，谷内绿意盎然，长满了竹子。共水发源于长石山，撞击后能发出声音的鸣石就产自这里。⑩傅山上虽没有草木，但有很多美玉和青绿色的玉石。山上的厌染水中栖息着很多人鱼。如果想采摘橘（bèi）木，那就要去⑪橐（tuó）山，这座山上树木葱郁，生长着很多臭椿树、蒿草等，还有丰富的金属矿物和美玉。⑫常烝（zhēng）山虽然光秃秃的，但盛产可作涂料的有色土。⑬夸父山里除了漫山的棕树、楠木以及竹丛外，还有很多㸲（zuó）牛、羬（qián）羊和锦鸡。除此之外，山的阳面美玉遍地，阴面则全是铁矿，北面的树林里还生活着很多骏马呢！⑭阳华山上的草多为山药，还有很多酸酸甜甜的细辛。山的阳面有很多金和玉。来到这里，你还能见到很多石青和雄黄呢！杨水、门水以及绪（jí）姑水都从阳华山发源，每条河的周围都有不同：杨水中有很多人鱼；门水中有很多磨刀石；绪姑水两岸的山间则有丰富的铜。

“中山经”第七列山系

【共十九座山】

山系概述

苦山山系共有十九座大山，绵延一千一百八十四里。其中很多大山都有特别的植物，如夙条草、焉酸、嘉荣草等，罕见植物的种类比其他山系要多。这里还有很多动物，像山膏、文文、鯑（tí）鱼等。

其中十六座山的山神都是猪身人面，祭祀他们的时候需要用一只纯色的羊和一块带彩色纹理的玉。另外三座山的山神都是三头人面，祭祀则需要用猪、牛、羊三牲和彩色的玉。

第七列山系苦山山系的首座山是①休与山。名叫帝台棋的石头就产自这里，这些石头五颜六色的，还带着奇特的花纹，形状和鹌鹑蛋差不多。另外，这里还生长着可以制作箭的夙条草。②鼓钟山是神仙帝台请百神饮酒聚会的地方。黄花圆叶的焉酸草就生长在这里，这是一种可以解毒的草。如果想要找磨刀石，来这里准没错！因为鼓钟山上、山下遍布着磨刀石，粗糙的、细腻的都有。③姑媱（yáo）山是一座充满了神话色彩的山，传说天帝的女儿死在这里，她的名字叫女尸，死后化为䔄（yáo）草。人吃了这种草后就会变得有魅力，讨人喜欢。④苦山居住着一种喜欢骂人的野兽，名字叫山膏。如果在苦山上见到一种黄花圆叶的树，千万要离得远远的，这种草叫黄棘，吃了它就会失去生育能力。红花圆叶的无条草对人有很多好处，吃了之后颈上不会长大瘤子。⑤堵山经常会刮怪风、下怪雨，天神天愚就住在这儿。山上还有一种叫天楄（pián）的树，茎是方的，形状像葵，吃了就不会被噎住。⑥放皋（gāo）山是明水的发源地，水中遍布灰白的玉。吃了不会犯糊涂的蒙木和

外形像蜜蜂的文文也生活在这里。⑦大䖃(kǔ)山有很多㻬琈(tū fú)玉和麋玉，还有一种神奇的草——牛棘，吃了它人就不会昏厥，还能防御兵器伤害呢！山上的狂水中还生活着很多三足龟，吃了它的肉就不生大病，还可以治疗毒疮。如果有谁害怕打雷，就叫他去⑧半石山采嘉荣草吧！吃了它就再也不怕打雷了！发源于此的来需水、合水中分别生活着很多鯩(lún)鱼和䲢(téng)鱼，它们的肉都能吃。⑨少室山上面郁郁葱葱的，各种花草树木丛集而生，相互靠拢在一起，就像一个大谷仓一样。帝休树就生长在这里，它枝叶繁茂，吃了它的果实可以让人心平气和，不恼怒。另外，少室山上还有丰富的铁和玉，鯑(tí)鱼也快乐地生活在这里。⑩泰室山的栯(yù)木可以使人不生嫉妒心，而䔄(yáo)草则可以让人不生梦魇。⑪讲山玉石密布，植被遍地，还有一种叫帝屋的奇树，可以用来防御凶险。想要开采灰白色玉石的话，就带好凿子去⑫婴梁山吧！山上盛产的苍玉附着在黑色石头上面，需要用凿子凿掉才行。⑬浮戏山上有一个山谷，里面生活着很多蛇，崖壁上还长有很多开紫色花朵的细辛。要是想变聪明，就去⑭少陉(xíng)山吧！山中盛产一种可以让人变聪明的草——茼(gāng)草。⑮太山上也有一种奇草，名叫梨。它是一种药材，可以治疗疽疮。末山和役山都是名副其实的宝山，⑯末山盛产赤金，⑰役山则遍地都是白金和铁矿，不知道古人有没有来这两座山上寻过宝藏呢？⑱敏山上有一种树木——葪(jiè)柏，人吃了它就不怕寒冷了！另外，敏山向阳的南坡上还有很多精美的㻬琈(tū fú)玉。⑲大騩(guī)山中的䕞(láng)草可算得上是一种奇草了，人吃了它就不会夭亡，还可以治疗腹部的疾病。山的阴面遍布着各种优质玉石和青色垩(è)土，还有非常丰富的铁矿资源呢！

《中山经》第八列山系

【共二十三座山】

山系概述

荆山山系共二十三座山，绵延二千八百九十里。这些大山普遍植被茂密，鸟兽成群结队，山中的金矿、玉石等资源十分丰富。

祭祀山神的时候，需要将一只公鸡作为祭品，祈祷后埋入地下，并献祭一个有彩纹的圭。祭祀骄山山神时，则需要准备美酒和猪、羊，以及一块璧。

中山经第八列山系叫荆山山系，①景山是山系中的首座山，山上蕴藏着丰富的金和玉，还盛产栎树、檀树；睢水中有丹砂和一种长有斑纹的鱼。②荆山是一处宝地，山上生机勃勃，野兽成群，还有很多铁矿和赤金。牦牛、豹子、老虎成群结队地生活在山上的松柏林里，穿梭在众多橘子树、柚子树之间。生活在漳水之中的鲛也是这座山的特产，附近还居住着很多闾和麋鹿。神仙蟲（tuó）围居住在③骄山上，这里满是美玉和青雘（huò），山中生长着很多松树、柏树，还有桃枝竹和钩端竹。④女几山宝藏很多，山上有很多玉，山下则遍地金子。成群的老虎、豹子、麋鹿、麖（jīng）、麂（jǐ）在山上栖息，还有很多白鸦（jiāo）、鸩鸟等飞禽。⑤宜诸山上的玉和金也有不少，还有很多青雘，洈（wéi）水中布满了温润的白玉。⑥纶山上的植物种类繁多，梓树、楠木、山楂、栗树、柚树等覆满了整座山头，是闾、麈（zhǔ）、羚羊等食草动物的家哟！⑦陆郈（guǐ）山上杻树和橿树居多，还

盛产瑉琈玉和垩土。⑧光山上有很多青绿色的玉石，人身龙头的山神计蒙居住在此。⑨岐山的阳面蕴藏着数不尽的赤金，阴面则有很多白色珉石，山中还有不少金、玉、青雘以及茂密的臭椿树。神仙涉𧊒（tuó）居住在这儿。⑩铜山上藏着丰富的金银和铁矿，构树、柞树、栗树等漫山遍野地生长。⑪美山上有兕（sì）、牛等众多野兽，这里还蕴藏着大量黄金，有数不尽的青雘。⑫大尧山上郁郁葱葱，生机盎然，到处是松柏、梓树和桑树等植物，还栖息着成群的野兽。⑬灵山上也有很多青雘以及金和玉，这里春天百花齐放，秋天硕果累累，简直是个大果园！⑭龙山上有一种树，它专门寄生在别的树上生存，这里还盛产青绿色的玉石和赤锡。⑮衡山则盛产黄色、白色的垩土以及构树、柞树、寄生树。⑯石山、⑰若山上都有很多寄生树，这两座山的不同之处在于，石山盛产黄金和青雘，而若山则盛产瑉琈玉、红土和邽石。满是柘树的⑱彘（zhì）山上有很多美丽的石头，看上去一定很漂亮！⑲玉山盛产金和玉，山中有很多柏树，⑳讙（huān）山则盛产檀树、邽石和白色锡土。㉑仁举山的阳面和阴面分别有很多赤金和红土，还生长着构树和柞（zuò）树。㉒师每山则满山都是磨刀石和青雘。最后一座㉓琴鼓山满山绿色，山中有很多椒树、珉石和洗石，这儿还生活着很多猪、鹿、白犀和鸩鸟。

“中山经”第九列山系

【共十六座山】

山系概述

“中山经”第九列山系共十六座山，绵延三千五百里。这些大山普遍植被茂盛，拥有丰富的水源和多样的动植物，还有很多黄金、白银、美玉等宝藏。

这些山的山神都是龙头马身，祭祀的时候，要将一只公鸡埋入地下，再用糯米作祭神用的精米。祭祀熊山山神的时候要用更高规格的礼仪：除了敬献美酒，还要用猪、牛、羊三牲，和一块璧完成祭祀。祈求不同的事物还要有不同的道具和舞蹈。

中央第九列山系是岷山山系，首山名叫①女几山。山上到处都是橿树、杻树，树下还生有许多菊和荣（zhú）呢！雄黄、石墨都是女几山的物产，汇入长江的洛水也从这里发源。②岷山是长江的发源地，江水中生长着很多品种优良的龟和扬子鳄。岷山上蕴藏着丰富的金和玉，山下则到处是可以和白玉媲美的白色珉石。梅树、海棠树在这里扎根，犀牛、大象以及白翰、锦鸡等动物也在此安家。③崃（lái）山上有成群的麋鹿和麈，它们穿梭在漫山的檀树和柘（zhè）树中，十分快活。除此之外，崃山还盛产黄金，山中还生有野韭菜、白芷、空夺等植物。发源于④崌（jū）山的江水中生活着许多怪蛇和鲎（zhì）鱼。山中生机

一片，入眼皆是楢树、杻树、梅树和梓树。各类飞禽走兽栖息林间，和谐友好地相处着，可热闹了！白头红羽的窃脂就生活其中，它是一种可以避火的禽鸟。⑤高梁山上可不产高粱，这里遍布着垩土和磨刀石。山上草木葱茏，桃枝竹和钩端竹交错丛生，还生有一种可以让马儿跑得飞快的奇草呢！⑥蛇山听起来好像有很多蛇，其实不然。黄金、垩土才是蛇山的特产，栒树、樟树、嘉荣、细辛等植物满山都是，这里还栖息着一种长得很像狐狸的野兽——独（shì）狼。⑦鬲（gé）山是座宝山，阳面和阴面都有宝贝。阳面蕴藏着丰富的黄金，阴面则遍布着莹润的白色珉石。注入长江的蒲鹮（hōng）水从这里发源，向东奔流而去。犀牛、大象、熊、罴、猿等动物栖居在这儿，自由又快乐。⑧隅阳山上蕴藏着丰富的金和玉，山下则遍布青雘。梓树、桑树郁郁葱葱生长在山间，使隅阳山生机勃勃。徐水从这里发源，向东流入长江，水中有很多丹砂。⑨岐山也

是一座金属矿山，山上蕴藏着大量的白金，山下则满是铁矿。在这里，梅树、梓树、杻树和楢树竞相生长，十分茂密。⑩勾㭨（nǐ）山也是宝藏山，山上满是各种精美的玉，山下则黄金遍地。山中有很多栎树和柘树，山中生长的草多为芍药。⑪风雨山上有很多白金和石墨，生长的树多为棷（zōu）树、椫（shàn）树和杨树。山中的兽多为闾、麋鹿、麈（zhǔ）、豹和虎，鸟多为白色鸦雉。发源于此山的宣余水中有很多蛇。⑫玉山的阳面有丰富的铜矿，阴面则有很多赤金。山中树木茂密，各种禽鸟以及野猪、羚羊等野兽穿梭其间。但是鸟大多是身有剧毒的鸩鸟，千万要离它们远远的哟！⑬熊山物产丰饶，漫山都是温润的白玉，山下则到处是白金。这里草木繁盛，长满了臭椿树、柳树以及通草。⑭騩（guī）山的阳面和阴面分别盛产美玉、赤金和铁矿。这座山上的树不是很高，都是桃枝竹、荆树这一类低矮的灌木。⑮葛山上也有不少宝贝呢！山上有大量的赤金，山下则布满了类似于美玉的瑊（jiān）石。山楂树、栗子树、橘子树、柚子树等数不胜数。⑯贾超山的阳面和阴面物产也各不相同。阳面满是黄色的垩土，阴面则遍布着优质红土。跟葛山一样，贾超山上草木丛生，一片葱茏，就连林中草地都被细长柔韧的龙须草覆盖得严严实实的。

“中山经”第十列山系

【共九座山】

山系概述

中央第十列山系自首阳山起，至丙山止，共九座山，绵延二百六十七里。这些山中的动植物都很常见，多数大山植被茂盛，金、银、铁矿等资源丰富。

这里的山神都是龙身人面，祭祀的时候需要将一只公鸡埋入地下，并用黍、稷、稻、粱、麦五米祭祀。堵山是大山神居住的地方，祭祀的时候要用猪、羊做祭品，还要准备美酒和玉璧。

中央第十列山系的首座山是①首阳山。虽然山上的金和玉非常多，但山上却光秃秃一片，不生草木。第二座山是②虎尾山。和没有生机的首阳山不同，虎尾山上林木茂盛，椒树、椐树随处可见，郁郁葱葱的。除此之外，虎尾山上的矿产资源也有很多，如封石、赤金、铁矿等，不知道古人有没有到这里来开采过这些珍贵的矿产呢？虎尾山西南五十里处便是③繁缋（huì）山。繁缋山上树木蓊郁（wěng yù），山中长满了楢（yóu）树和杻（niǔ）树，远远望去，好像整座山都被绿色的大被子覆盖住了一样，生活在这附近，想必空气都比别处清新许多吧！它的邻居④勇石山可一点儿都不像它。勇石山和首阳山一样，山上荒凉，到处是岩石，一点儿草木的影子都看不见。不过说来也怪，如此荒凉的勇石山上水资源却十分丰富，另外，这儿还蕴藏着丰富

的白金呢！⑤复州山中的树多为檀树，山中有一种长得像猫头鹰的怪鸟，名叫跂踵（qǐ zhǒng），是瘟疫的象征。复州山上蕴藏大量的黄金，想要寻宝的人可以去山上碰碰运气哟！⑥椐（chǔ）山的森林资源也十分丰富，山上一片葱茏，数不清的寄生树、椒树、椐树、柘树等挺立其间，交错成林。山中还能找到不少垩土。⑦又原山的南北两坡有不同的物产，向阳的南坡有青雘，背阴的北坡则有着丰富的铁矿。又原山中的禽鸟可多了！它们无忧无虑地生活在这里，四处飞翔，十分快活。数量最多的当属鸜鹆（qú yù），就是我们平时所说的八哥。⑧涿山和⑨丙山都森林茂密，草木葱茏。涿山上构树、柞树、杻树居多，除此之外，山上向阳的南坡还遍布精美的瑻琈玉。丙山上则梓树、檀树居多，也有一些树身弯曲的杻树。

“中山经”第十一列山系

山系概述

中山经第十一列山系共四十八座山，绵延三千七百三十二里。这些山都被所植物覆盖，放眼望去，一片葱绿，生机勃勃。蛟、青耕等动物栖息在深山之中，自由而快活。

“中山经”第十一列山系是荆山山系，①翼望山是首座山，湍水和贶（kuàng）水从这里发源，贶水中栖息着很多蛟。翼望山风景秀丽，漫山都是松、柏和梓树，山的阳面盛产赤金，阴面则全是珉石。②朝歌山中，众多高大的梓树、楠木向阳而生，羚羊、麋鹿等野兽奔走其间。山中还生长着一种能够毒死鱼的草——莽草。③帝囷（qūn）山的琈琈玉、铁矿都十分丰富，发源于此的帝囷水中居住着很多鸣蛇。鸣蛇长有四个翅膀，象征着大旱灾。长满了野韭菜的④视山上生机盎然，遍地都是桑树、垩土、金和玉。⑤前山的阳面盛产黄金，阴面则遍布红土。⑥丰山中蕴藏着丰富的黄金，还有成片的树林，林间栖息着一种名叫雍和的凶兽，它一出现，国家就会发生令人恐慌的大事。⑦兔床山中生长着很多鸡榖（gǔ）草，还有不少薯芋（yù）。⑧皮山上可没有毛皮，倒是有很多垩土、红土，山中的树多为松树、柏树。⑨瑶碧山中有很多梓树和楠木，郁郁葱葱的。山的阴面盛产青雘，阳面则蕴藏着丰富的白金。一种无毒的鸩鸟在此安家落户。飞鸟婴勺生活在⑩支离山中。⑪祑篙（zhì diāo）山上的松树和柏树生机勃勃，可以用来洗衣服的桤树和桓树枝繁叶茂，郁郁葱葱。⑫堇（jìn）理山也有很多树。色彩艳丽的丹雘和黄金蕴藏在山的阴面，豹子、老虎在山中自由地奔跑，可以防御瘟疫的鸟青耕在林中欢快地飞翔。⑬依轱山中到处都是杻树、橿树和山楂树。活泼可爱的野兽獜（lìn）就生活在这儿。⑭即谷山中有很多黑豹，还有成群的闾、麈（zhǔ）和羚羊，山的阳面有很多似玉的美石。⑮鸡山和鸡一点儿关系也没有，这里只有高大挺拔的梓树和郁郁葱葱的桑树，草多为韭菜。⑯高前山蕴藏着丰富的黄金和红土，还有一眼清澈见底的泉水，这是神仙帝台喝的水，人喝了它就不会得心痛病了！高前山后面的山是⑰游戏山。游戏山上遍布着精美的玉和封石，还有不计其数的杻树、橿树和构树。⑱从山和⑲婴硜（yīn）山都是郁郁葱葱的，到处是松、柏，从山山脚下还生长着茂密的竹丛。三足鳖就生活在山上发源的从水之中。⑳毕山上发源的帝苑水中有很多晶莹剔透的水晶，还生活着不少蛟呢！㉑乐马山中没有马，只有一种象征着瘟疫的动物——狭（lì），遇到它千万不要靠近。㉒葴（zhēn）山上的视水中有好多小动物，如大鲵、蛟和颉（xié）。㉓婴山和㉔婴侯山是两座矿山：婴山中有很多青雘、金和玉；婴侯山则遍布封石和赤锡。㉕虎首山和㉖卑山很像，整个山头都盖上了绿油油的"森林被"。虎首山的树多是山楂树、椆树和椐树，卑山上则满是桃树、山楂树、梓树、紫藤和李树。㉗大孰

山中的杀水两岸到处是柔软的白色垩土。㉘倚帝山中则遍布黄金和玉，灾兽狙（jū）如在这里栖息。㉙鲵山和㉚雅山都是名副其实的"金山"。隔壁的㉛宣山则有一棵神奇的帝女桑。㉜衡山和㉝丰山都盛产桑树，丰山中还有大量的羊桃树，它可以治疗皮肤肿胀。㉞妪（kōu）山中的黄金、美玉取之不尽。㉟鲜山则盛产天门冬和麦门冬。另外，鲜山上还生活着灾兽

貉（yí）即，它是火灾的象征。㊱章山和㊲大支山都有很多黄金，只不过除了黄金之外，发源于章山的皋水中还有很多脆石，大支山则有一大片茂盛的森林。㊳区（ōu）吴山上的山楂树可多了！它的邻居㊴声匈山则盛产封石，这是一种比玉次一些的石头。㊵大骢（guī）山的阳面和阴面分别盛产赤金和细磨刀石，想要寻宝的话，不要走错了路哟！㊶踵臼山非常荒凉，

寸草不生，但它的邻居㊷历石山却被大量的荆树和枸杞树覆盖，山中栖息着一种叫渠渠的野兽。㊸求山盛产黄金和铁矿，山中草木葱茏，求水中还有很多优良的红土呢！㊹丑阳山中有一种名叫鸮鵌（zhǐ tú）的鸟，它可以帮助人们防御火灾。㊺奥山中草木葱茏，高大茂密的柏树、杻树和橿树遮天蔽日，交错生长。山上向阳的南坡盛产瓀琈玉。㊻服山中生长的树多为山楂树。

山上蕴藏有丰富的封石资源，山下蕴藏着大量的赤锡。㊼杳山上的嘉荣草长得特别繁盛，金和玉就藏在这绿草如茵的深山之中哟！㊽凡山上千姿百态的楢（yóu）树、檀树、杻树竞相生长，各种香草簇拥丛生，铺满了林中空地。山中栖息着一种名叫闻獜（lín）的兽，只要它一出现，天下就会刮大风。

“中山经”第十二列山系

【共十五座山】

山系概述

洞庭山山系自篇遇山起，至荣余山止，共十五座山，绵延二千八百里。这些山的山神都是龙头鸟身，祭祀的时候需要用一只公鸡和一头母猪做祭品，祀神的米要用精选的糯米。

中央第十二列山系是洞庭山山系，首座山名叫①篇遇山，是一座岩石裸露、不生草木的荒山。别看篇遇山荒凉，上面可全是黄金，真是一座宝山！②云山也是一座石头山，不过这儿并不是寸草不生，这里生长着一种毒性很强的桂竹，如果人被它伤到就会死去，非常可怕！③龟山上森林茂密，郁郁葱葱，生长着很多构树、柞树、椐树和扶竹。另外，龟山上还有大量黄金、石青和雄黄，这些资源都是不可多得的宝藏！④丙山是

一座竹子山，山上只有数不清的桂竹。据说，这种竹子因产于桂阳而得名。⑤风伯山上蕴藏着丰富的金和玉，山下则满是痠（suān）石，还有很多带有花纹的石头。山的东面有一片树林，名叫莽浮林。林中全是漂亮的树，还生活着数不清的鸟兽。⑥夫夫山是神仙于儿的家。这里草木繁茂，桑树、构树随处可见，还有大片鸡谷草和矮竹丛像毯子一样铺在地上。山中蕴藏大量黄金、石青、雄黄等矿产资源。⑦洞庭山可美了！山上被森林覆盖，山楂树、橘子树、梨树、柚树到处都是，树下则长满了芍药、蘼芜等花儿和香草。不仅如此，洞庭山上还有很多黄金、白银和铁矿。尧帝的两个女儿娥皇和女英就住在这儿。她们常常在长江水的深潭中玩耍，那里位于九条江河之间，她们每次都会穿越狂风暴雨抵达，别提多快活了！⑧暴山风景如画，山中草木茂盛，高高大大的棕榈、楠木笔直地立在林中，把太阳遮得严严实实。荆树、枸杞树和各种低矮的小竹交错丛生，远远望去，绿意盎然。金和玉埋在山上每一处不起眼的角落等待人来开采，山下有很多带有花纹的石头和丰富的铁矿。在风光秀丽的山中，更是少不了各类飞禽走兽，麋鹿、麂、鹫等动物都在此安家落户。蕴藏着丰富黄金和瑻琈玉的⑨即公山是野兽蛫（guǐ）的家，蛫有着白色的身子和红色的脑袋，外形很像乌龟，是一种可以辟火的兽。和它相伴的还有众多柳树、杻树、檀树和桑树。⑩尧山的阳面和阴面分别盛产黄金和黄垩。山上生长着大量荆树、枸杞树、柳树和檀树，树下则芳草遍地，尤其是山药、苿等，别提多繁盛了！⑪江浮山中不长草木，不过，它也不是个什么都没有的“穷光蛋”，如果你需要磨刀石和白银的话，来这里是个不错的选择！⑫真陵山也拥有大量黄金和美玉。山中林木苍翠欲滴，各类树木竞相生长，尤其是构树、柞树、柳树和杻树十分茂密。⑬阳帝山也被森林覆盖，羚羊、香獐子等野兽穿梭在杻树、山桑树、构林间，山中有很多优质的铜。⑭柴桑山上有丰富的白银和碧玉，还有很多泠石和红土。山中森林茂密，螣蛇、麋鹿等动物栖息在桑、柳之间。⑮荣余山也是一座宝山，山上山下分别蕴藏着丰富的铜和银。各类怪蛇、怪虫生活在林间，如果不注意就会被它们咬到。

-“中山经”中出现的异兽-

①梁渠的样子很可爱，就像一只白脑袋的小野猫一样。它长着一双老虎的爪子，是一种象征着战争的凶兽。②闻獜（lín）看起来像是一头小猪，它的脑袋和尾巴都是白色的，身上的毛发却是黄色的，它一出现就会引起大风。③朏（fěi）朏长得也很像野猫，它的尾巴是白色的，身上长着鬃毛。它是一种可以消解人忧愁的宠物哟！想来人们一定都很喜欢它吧！④狙如的外表长得跟鼣（fèi）鼠十分相似，它的耳朵和嘴巴都是白色的。它是一种不祥的动物，它在哪里出现哪里就会发生战争。⑤麐（yín）长着一双人的眼睛，外表很像貉。⑥化蛇长着人的脸、豺的身子、禽鸟的翅膀，叫声如同人在大声叱骂。虽然化蛇有翅膀，但它总是喜欢像蛇一样爬行，真是奇怪极了。它还是一种凶兽，象征着大水灾的出现！⑦䑏（nài）是一种可以治疗人脖子上长大瘤子的病的动物，它长得像䶈（huī）鼠，额头上有花纹。⑧獙（xié）全身都长满了鳞甲，看上去很像一只发怒的狗。⑨三足龟就是长着三只脚的大乌龟，它的肉非常神奇，人吃了之后可以消除毒疮，还能不生大病，简直就是延年益寿的宝物。⑩移（yí）即很像一种沙漠里的狗，长着红色的嘴巴和红色的眼睛，还有一条白色的尾巴。它不管在哪儿出现都会引发火灾。⑪狏（shì）狼看上去就像一只长耳朵、白尾巴的狐狸。不过，它可不是一般的狐狸，而是一种象征着战争的不祥之兽。⑫旋龟的体貌和普通的乌龟极为相似，但它的颜色是黑色的，还长着鸟的头和鳖的尾巴。旋龟的叫声很像劈开木头的声音，把它带在身上能保耳朵不聋，还能治疗脚底的老茧。传说大禹治水的时候，是旋龟将息壤驮在背上，跟在禹的身后，方便禹随时取息壤投向大地。可以说，旋龟是治水的功臣呢！⑬獜是一种非常活泼好动的动物，虽然外形像狗，

却长着老虎的爪子，身上还有鳞甲。狰擅长扑腾跳跃，它的肉还可以治疗中风和痛风呢！⑭狭（lì）长得小小的，它可是瘟疫的代名词！它的外表像小刺猬，却红得像火一样，它一出现就会天下大疫。⑮蛫（guǐ）是一种可以饲养的宠物，它是一种红头白身，长得像乌龟一样的动物，饲养它的话可以辟火。⑯犀渠就像一只皮毛青灰色的牛，它是一种特别可怕的动物，如果你在野外听见了类似婴儿的啼哭声，千万不要靠近，因为这很有可能就是犀渠的叫声，一旦有人靠近，它就会毫不留情地把人吃进肚子里去。⑰雍和的名字听起来很文雅，实际上它却会带来恐慌。雍和的外形像猿猴，却长着红眼睛、红嘴巴和黄色的身子。它在哪个国家出现，哪个国家就会出现极其恐怖的事情。⑱马腹虽然名字中有个“马”字，但外形和马没有半点儿关系。它人面虎身，和犀渠一样，会用像婴儿啼哭一般的叫声进行伪装，等到有人靠近，就一口把他吃掉。如果在野外听见有人骂骂咧咧的，你很有可能遇到了⑲山膏。山膏长得像小猪一样，只不过浑身红彤彤的，像丹火一样。这种小动物有一个特殊的爱好，那就是非常喜欢骂人。⑳蛰蚳（lóng chí）生活在昆吾山中。它的外表也很像小猪，只不过脑袋上长着角，叫起来好像人在嚎啕大哭一般。吃了蛰蚳的肉可以使人不做噩梦。㉑鸣蛇和化蛇一样，都长着翅膀，只不过鸣蛇的翅膀更多一些，有两对。它的叫声很像敲磬，它的出现是大旱灾的预兆。㉒文文的外形非常可爱，看上去就像一只小蜜蜂。它的尾巴是分叉的，还有一个倒生的舌头，平日里特别喜欢呼叫。㉓夫诸长得很像白鹿，但如果你仔细观察的话，就会发现它头顶上有四只角，比一般的鹿多了两只。不过，长得可爱的夫诸却不是一种瑞兽，它是水灾的象征。

-“中山经”中出现的鸟类-

①青耕拥有青色的身子，嘴巴、眼睛和尾巴都是白色的。它是一种祥鸟，饲养的话可以辟火。②鴸（dài）鸟的长相跟一般的鸟不同，鴸鸟长着三只眼睛，还有一对儿非常明显的耳朵。它发出的声音像鹿鸣一样，肉可以治疗人类的湿病。③鵸鵌（zhǐ tú）形状像一般的乌鸦，却长着一对儿红色的爪子。它和青耕一样，都可以辟火。④鸩鸟是一种有剧毒的鸟，它的体形大小和雕相近，羽毛紫绿色，颈部很长，还拥有红色的喙，喜欢吃同样有剧毒的蝮蛇。⑤鹖（hé）鸟长得就像一只大一点儿的野鸡，它长有毛角，生性勇猛好斗，绝不认输，至死方休。⑥窃脂外形好像是一只猫头鹰，它的身子却是红色的，还有一个白色的脑袋。跟青耕一样，它也可以用来辟火。⑦鸰鹦（líng yào）的尾巴很长，它的外形也和野鸡相似，身上透红如火，嘴巴却是青色的。如果你总是做噩梦的话，吃了它的肉就再也不会被噩梦困扰了！⑧鸜鹆（qú yù）其实就是我们现在所说的八哥。八哥也会学人说话，但前提是要修剪好它的舌头。⑨鴢（yǎo）的外形很像野鸭子，它的身子是青色的，眼睛和尾巴呈红色。吃了它的肉可以让人多生小宝宝。⑩婴勺的名字听上去怪怪的，这是因为它的尾巴很像酒勺的形状。婴勺的外形像喜鹊，但是眼睛和嘴巴却都是红色的，身上被白色的羽毛覆盖，看上去小巧又可爱。婴勺非常容易辨认，因为它的叫声就是它自身名字的读音。⑪跂踵像一只长了猪尾巴的猫头鹰。它只有一只爪子，是一种凶兽，在哪个国家出现，哪个国家就会发生大瘟疫。

鸩鸟

鸩鸟是一种神秘的毒鸟，体形与雕相当，羽毛呈紫绿色，颈部长，喙为红色。雄鸟名为“运日”，雌鸟名为“阴谐”。它们能预报天气，运日鸣则晴朗，阴谐鸣则有雨。这种鸟以剧毒的蝮蛇为食，体内积聚毒素，使其自身和接触过的物品都充满危险。古人曾用其羽毛浸泡毒酒，称为鸩酒，用以毒害他人。

饮鸩止渴

比喻用有害的办法来解决面临的问题而不顾后果。鸩，指鸩酒。

鶡鸟

鶡鸟拥有青色的羽毛，它争斗起来就不会退却。

鶡鸟——勇猛的象征

传说黄帝与炎帝在阪泉大战时，黄帝军队举着鹰、鸢之类猛禽的旗帜，其中就有鶡鸟的旗帜，取的就是它勇猛不畏死的品质。古代英勇武士的帽子上面就插有两只鶡尾羽毛，叫作鶡冠，以此来彰显武士的勇猛无畏。

-“中山经”中出现的神和人 -

仓颉造字

你一定听说过仓颉造字的传说吧！仓颉就是在“中山经”中的阳虚山脚下创造文字的。他在河畔遇到了一只灵龟，灵龟背着一本内有丹甲青文的天书，仓颉以此书为基础创造了文字。

霉运之神——耕父

神仙耕父居住在丰山之中，和灾兽雍和生活在同一个地方。他非常喜欢在山中的清泠渊游玩，出入的时候都会发出光亮。别看他和吉神泰逢一样都有闪光的“特技”，他可不是什么能带来好运的神仙，反而是一位霉运之神。他在哪个国家出现，哪个国家就要走向衰败。

乐于助人的于儿

在草木茂盛的夫夫山中，住着一位名叫于儿的神仙，他长着人的身子，手上握着两条蛇，出入时身上会光芒四射。于儿是一位乐于助人的好神仙，据说愚公移山故事中，太行王屋二山就是他找人帮助移走的。

吉神泰逢

神仙泰逢居住在萯(bèi)山上，他的样子很像人，但身后长着一条老虎尾巴。泰逢每次出入萯山的时候，都自带闪光效果，非常神奇。他拥有变化天地之气的法力，可以兴风布雨。泰逢是一位吉神，他善恶分明，惩恶扬善，传说晋朝昏君孔甲在打猎时遇到过泰逢，泰逢用法力刮起一阵狂风，顿时天昏地暗，风沙四起，使孔甲迷了路，受到了惩罚。

农业的始祖——后稷

在中国古代神话传说中，农业的始祖是后稷。后稷的本名叫“弃”，是帝喾的元妃姜嫄所生。传说姜嫄有一次到野外游玩，在路上突然发现了巨人的足迹，她好奇地踏在巨人的脚印上，因此而怀孕，生下了后稷。后稷非常善于耕耘种植，在槐山脚下将耕种技艺传授给了老百姓，帝尧因此将他封为农师。

-“中山经”中出现的草木-

①帝女桑是中国神话传说中的桑树，因炎帝的女儿居此而得名。帝女桑树干上有纹理，开黄色小花，十分好看。想提升记忆力的话，就去吃②栎（lì）树的果实吧！栎树树干是方的，黄色的花瓣上长有绒毛，可爱极了。③鬼草虽然名字可怕，但它可是一种“忘忧草”，吃了可以忘记忧愁。④天楄（pián）长得像葵菜一样，吃了它就不用担心被饭噎住了！⑤䔄草是天帝的女儿死后所化，它的果实会使女孩儿变漂亮，非常神奇。⑥莽草会开红色的小花，虽然很好看，但它会毒死鱼儿。⑦婴状的形状像龙骨，是治疗痤疮的良药。⑧雕棠也是一种药材，它的叶子是方的，果实像红豆一样，吃了之后耳朵就不聋了！⑨葶苧（dǐng nìng）跟莽草一样，都开红色的花，并且能毒死小鱼。⑩荣草的根茎像鸡蛋一样，十分有趣，它可以治疗中风、痛风等疾病。⑪帝屋可以辟邪，它的叶子像花椒树叶，果实是红色的。⑫蒙木只开花不结果，是一种能让人保持清醒的奇树。⑬楠木是一种叶子上布满了红色纹理的树，吃了它就不会生嫉妒心了。⑭苦辛的果实酸酸甜甜的，像瓜一样，可以治疗疟疾。⑮植楮长着红色的花，果实像棕榈的荚，吃了它可以不做噩梦。⑯荀草的茎干是四方形的，黄花红果，吃了它，肤色就会变美。⑰芒草看上去和棠树很像，长着红色的叶子。⑱葪（jì）柏特别漂亮，白花红果，吃了它

之后你就再也不怕冷了！有着红色果实的⑲亢木具有驱虫辟邪的功效。“中山经”中出现的⑳梨可不是我们平时所吃的梨，它是一种叶子像蒿草，并且开红花的草，可以用来治愈痈疽。㉑茇（bá）乍一看和臭椿树简直一模一样，但它的果实带荚，鱼儿吃了会中毒……

-“中山经”中出现的鱼类-

❶人鱼

❷飞鱼

❸螣鱼

❹鲶

❺鼍

❻豪鱼

❼飞鱼

❽鲛

大家一定非常熟悉①人鱼吧！前面的山系中已经出现过了，其实它就是我们现在所说的娃娃鱼。呆头呆脑的人鱼看上去可爱极了。“中山经”中出现过两种②飞鱼，现在介绍的这一种长得很像鲫鱼，如果有人患有痔疮或腹泻，只需要吃上一口这种飞鱼的肉，保管药到病除！③螣（téng）鱼的身上长着很多苍色的斑纹，还长着一条红色的尾巴。它们喜欢在水下互相连通的孔穴里隐居，人如果吃了它的肉就不会得毒疮，还能治好瘘疬呢！④鲶（lún）的外形很像我们常见的鲫鱼，它浑身长满了黑色的斑纹，人只要吃了它的肉，就不会迷迷糊糊地打瞌睡了！说到⑤鼍（tuó）这种生物，你一定会觉得有些陌生，但是如果说出它现在的名字，你就会恍然大悟，那就是扬子鳄。⑥豪鱼很像白鲟，但是嘴巴、鳍和尾巴都是红色的，它的肉可以治疗人类的白癣病。另一种⑦飞鱼的样子看上去很可爱，就像浑身长满红色斑纹的小猪一样。人吃了这种飞鱼的肉就再也不会害怕打雷了，而且还能躲避兵刃之灾呢！⑧鲛就是我们熟知的鲨鱼。

-“中山经”中出现的矿产和石头-

“中山经”中出现过的矿石可多了！其中有很多种都是我们非常熟悉的矿石，像黄金、白银、黄铜、铁、雄黄、垩土等，这里就不一一介绍它们了，重点介绍一些不太熟悉的面孔。石涅其实就是石墨。丹砂就是我们常说的朱砂，它的用处很多，不仅可以入药，还可以驱邪、制作颜料呢！休与山上有一种神奇的石头，名叫帝台的棋子。这种石头有五种颜色并带有斑纹，人带上它就不会被毒热恶气所侵染。白色珉石的质地比较柔和温润，很像白色的美玉，但没有玉石那么贵重。碝（ruǎn）石也是一种像玉的石头。孔雀石的色彩非常艳丽，可以用来制作装饰品和绿色涂料。眉石顾名思义，就是用来画眉的石头。鸣石是一种青色玉石，撞击后能发出鸣响。脆石的质地又轻又软，非常容易破碎。砆石和珉石、碝石一样，都是价值和质地仅次于美玉的石头。对于黄铜，大家一定非常熟悉，但是你听说过赤铜吗？昆吾山上有一种特殊的赤铜矿，颜色鲜红，好像火一样。

图书在版编目（CIP）数据

不可思议的山海经. 山经篇 / 上尚印象编绘. -- 长春 : 北方妇女儿童出版社, 2024.7
ISBN 978-7-5585-8476-3

Ⅰ. ①不… Ⅱ. ①上… Ⅲ. ①《山海经》—儿童读物
Ⅳ. ①K928.626-49

中国国家版本馆CIP数据核字(2024)第096514号

BUKE SIYI DE SHANHAIJING · SHANJING PIAN

不可思议的山海经 · 山经篇

出版人　师晓晖
策划人　师晓晖
责任编辑　国增华　魏士昌
装帧设计　上尚印象
开　　本　889mm × 1194mm　1/8
印　　张　13.5
字　　数　132千字
版　　次　2024年7月第1版
印　　次　2024年7月第1次印刷
印　　刷　旭辉印务（天津）有限公司
出　　版　北方妇女儿童出版社
发　　行　北方妇女儿童出版社
地　　址　长春市福祉大路5788号
电　　话　编辑部：0431-81629600
　　　　　发行科：0431-81629633

定　　价　168.00元